Contemporary Classics

今こそ名著

講孟余話 留魂録

逆境に負けない生きかた

吉田松陰

道添進◎編訳

日本能率協会マネジメントセンター

はじめに

東京都世田谷区の松陰神社を訪ねてみた。松の内だったこともあってか、たくさんの人が初詣に来ており、境内はことのほか華やいでいた。神社の奥にある吉田松陰の墓所や、萩の松下村塾のレプリカなどを興味深く見ている人たちも大勢いた。

松陰はわずか三一年の生涯を、学びと、見聞の旅と、そして獄中生活で終えた。生きている間に何かを成し遂げたのかといえば、かなり微妙ではある。軍学師範としての道は途絶えたし、黒船に乗ってアメリカに渡る計画は挫折した。幕府の老中を暗殺する計画も実行には至らなかった。

確かに、生涯で何を成し遂げたかも大事だけれど、後世にどれだけの影響を与えたかも尊いとはいう。それならば、吉田松陰のどこに比類ないインフルエンサーとしての魅力があったのだろうか。境内の一角にある、まだ青年ともいえそうな吉田松陰の坐像を見ながら、疑問は大きくなった。

しかし、その答えはこの本をまとめていく過程ではっきりしてきた。本書には松陰の代表的な作品である『講孟余話』と『留魂録』が収録してある。前者は野山獄で囚人たちと一緒に学び、語り合った一年間の記録である。後者は処刑される直前に記した短い辞世の書だ。この二つを並べてみることで初めて気づいたこと。それは、獄中での体験がこの人物を吉田松陰にしたということだ。

投獄の身という人生の逆境のなかで、学びと教えをあきらめず、成長の場にしようとしたこと。世の中で暮らしていた時には、ついぞ気づくことのなかったたくさんの真実を発見できたこと。それが、私たちの知っている吉田松陰を培っていったということがわかってきたのだった。

「冬の長い夜、獄中に火の気はまったくない。寒気があんまりひどすぎて、明け方の四時頃になると眠ることさえできない日も多い。そんなときも、布団の中に腹ばいになって、わずかばかりだけれども思いを巡らすことだってできるのである。（尽心　上・一五章P222）」

この凍てつく獄中生活のくだりは、唐突にホイットマンの言葉を連想させる。

「寒さに震えた者ほど太陽を暖かく感じる。
人生の悩みをくぐった者ほど命の尊さを知る」

もしも、ペリーの黒船に乗って渡米する夢がかなっていたとしたら、ひょっとして吉田松陰とホイットマンは同時代を生きた者同士、熱心に語り明かしたかもしれない。

長い人生は順境のときばかりではない。むしろ自分の力ではどうすることもできない状況にしばしば絡めとられる。その時にどう生きるか。そのような意味を込めて、本書の副題も「逆境に負けない生きかた」とした。

苦労の中で希望を失わず、逆境を克服してきた人は魅力的だ。どこか憂いを帯びた、おだやかな物腰に人をやさしく包み込む力がある。

「逆境もまた人生を豊かにしてくれるのです」

松陰神社の吉田松陰像は、そう語りかけているようだった。

第1部

名著『講孟余話・留魂録』とは

1 現代に読み継がれる理由

●好きな言葉の第一位は「至誠」

衆参の議員会館に置かれている『政官要覧』には、国会議員の座右の銘が記されている。2019年春号を開いてみると、四七七人の回答が記されている。その中で一位を占めているのは「至誠」。『孟子』からの出典として、三一人がこの言葉を挙げている。この中には本書第2部『講孟余話』からの出典として、「至誠通天」という言葉を挙げている人も含まれ、その数は一八人にのぼる。

日本経済新聞・夕刊（2019年8月30日）によれば、昭和の頃から「至誠」は政治家に人気が高く、世相を反映して浮き沈みがわりと多い好きな言葉における不動の地位を保っているという。ビジネスの世界でも、おおむね同じ傾向が見られるようだ。

「至誠にして動かざるものは、未だこれ有らざるなり」（『講孟箚記』離婁上）という『孟子』からの引用を、松陰は自らの原点に据えていた。誠を尽くせば、動かなかった人は誰もいないという信念で、あらゆる人々に「至誠」を尽くした生涯を送った。

●多くの人材を育成

政財界に限らず、今も吉田松陰は好きな歴史上の人物の上位にランクされ、その生涯についての本は老若を問わず読み継がれている。

その魅力のひとつは、松下村塾で教えた生徒たちが、幕末や明治に活躍した偉人たちだったという史実があるのも大きいだろう。ただ、見落とされがちなのは、短いながらも生涯をかけて、学び、教え続けたということではないだろうか。

とりわけ注目したいのは、投獄されてから処刑されるまでの数年間、教育者としての真価が発揮されている点だろう。

松陰は、軍学師範の親戚に養子となり、幼いころから四書五経、軍学、孟子などをひたすら詰め込まれた。すでに数えの一一歳で教壇に立つほどの秀才だった。

その後、長崎で世界情勢に目を開かれ、さらには東北の諸藩を歩いて国内各地の事情を肌で感じ取った。黒船で密航を企てるなど、破天荒ともいえる行動を取るのは、学問が実学でなければならないという考えを、身をもって実践していたと言えるだろう。

そして、野山獄に投獄されてからも、学びをあきらめず、囚人たちと『孟子』を輪読する。出獄してからは、あの有名な松下村塾を開き、幕末から明治へと時代を切り開いた若い逸材を輩出した。

●獄中ゼミ

ここからは、もう少し具体的に松陰の魅力を挙げてみたい。

吉田松陰は、下田沖に停泊していたペリー提督の黒船に小舟で渡り、アメリカへ連れて行ってくれるよう直談判した。いわゆる「下田踏海」だ。結局、断られたのだが、それがもとで投獄されることになった。この『講孟余話』は、江戸から萩の野山獄に移されてから、そこでちょうど一年間、囚人たちと『孟子』を輪読した際の講義を書き留めたものだ。

だが、いわゆる獄中手記と決定的に異なる点がある。それは孟子を読んで、現代の事象にあてはめてみて、解説したり、意見を述べたりしている。いわば、獄中ゼミナールなのである。

●ＭＢＡの教授法に通じる教え方

『講孟余話』の構成としては、『孟子』を読み解く形で毎回、授業が進んでいく形を取っている。最初に中国の故事が簡単に説明され、「ここは、こんな教えがある」と、松蔭が読み取りのポイントをさらりと語る。そこはあっさり、あえて注釈に細かく踏み込んだりはしていない。

おもしろいのは後半部分のほうで触れる『余話』に相当する箇所だ。「さて、今の日本の置かれている立場を見てみようではありませんか」。そんな振りで、松蔭は『孟子』のテーマを現代に引き寄せる。それはまさにＭＢＡの教授法の基本であるケーススタディの手法である。

囚人たちは、不正が行われていることに憤り、まともな道を歩む人々を賞賛する。そして自分ならこうするだろうと、わが身に投影して考え、意見を交わしたに違いない。これこそ本書が脈々と読み継がれ、現代のビジネスパーソンの愛読書のひとつに挙げられる理由なのだろう。

●走りながら考える

事業に取り組む際、状況によってはじっくりと計画を練るよりも、あえて行動に踏み切るのがよい。通行許可証が発行される前に東北へ旅立ったり、黒船に小舟を漕ぎつけて密航を談判したり、時に破天荒とも見える行動に出た吉田松陰。けれどもそこには一貫した行動原理があったのだ。それはこんな件からもうかがい知れる。
「身を修め、それができたら家を整え、さらに国を治め、ついには天下太平を実現する。これはひとつの決まりごとである。けれどもそれは平和な時に通用することだ。非常の際に、論じても意味がない」（尽心・上・四十四章・Ｐ237）
わが身を修め、家を治め、藩を治めてから国を治める。確かに順番としてはそうだし、孟子もそう言っている。けれども、それでは敵に滅ぼされてしまうという状況だってありうるだろう。

こういう火急の際は、家や藩はもちろん、国を治めることすべてに全力で向き合い、行動する。そうすれば同時並行して、わが身も修まる、つまり成長すると述べている。

これほどの読書家で、軍略の専門家でありながら、松陰という人は感覚をたよりに素早く行動した。そんなとき、彼の中では、頭で学ぶというより、心で学ぶモードに入っていたに違いない。そして今、目の前の一局に集中する、マインドフルネスな行動家でもあった。

●熱を伝える

時代を拓き、多くの英傑を輩出した私塾という視点から、吉田松陰の松下村塾と、緒方洪庵の適塾がよく取り上げられる。だが、これほど対照的な学風もまためずらしい。

吉田松陰は弟子の一人ひとりに直接教えを説き、強烈なオーラで包み込んでいった。だが洪庵にはそのようなカリスマ性はなく、あくまでオランダ医学者として弟子たちに接した。

「たぶん松陰ならもう一歩踏み込んで、弟子に『君の生きる道はこれだ！』と熱く語ったと思うんです。いっぽう洪庵は、生きる道までは教えなかったけれど、学問を使って自分で生きるすべを見つけ、世のために役立つ道を模索しなさいと暗に示しました」。適塾記念会評議員を務める大阪大学大学院の中直一教授は、かつて両者の違いをそう語ってくださった。

埋《うず》み火《び》のような静かな情熱で弟子たちを一生見守り続けた緒方洪庵。いっぽう、まずは自分が熱くなり、その燃え盛る熱を周囲に伝えていった吉田松陰。人を巻き込み、人を動かすやりかたもそれぞれのようだ。

●長所を発見し、伸ばしてやる

「松陰先生は決して門人たちの短所を見ず、長所を発見して伸ばそうとしました」。かつて山口県萩市にある萩博物館を訪ねた際、樋口尚樹副館長（当時、現山口県萩市、松陰神社宝物殿至誠館館長）はそう語っておられた。樋口さんによると、門人たちも師の期待に応えようと自ら欠点を抑え込んで、長所を伸ばそうと努力したという。

「世に材なきを憂えず、その材を用いざるを患う」と松陰は言った。世の中に人材がないのではなく、それを生かしきれていないのを懸念するという意味だ。

松下村塾での学びとは、古典を踏まえ、現代ならどう対処するかを自分自身の問題として徹底的に考え抜くことだった。そして事物を実践する手だてとして知識を活用する松陰の姿勢が、高杉晋作をはじめ塾生たちを巻き込んでいった。また、京や江戸にいる塾生や知人から入る最新の情報を「飛耳長目帳」にまとめ、誰でも閲覧できるようにしておき、さらなる議論を誘発した。

「萩藩校明倫館が知識を積む学びの基礎であるのに対し、松下村塾は応用・実践の場だったといえます」という。

●心を整える

本書には『留魂録』も同時に掲載している。これは。安政六（1859）年十月二五、二六の二日間をかけ、江戸小伝馬上町の牢内で記した遺書である。ただ、ふつうの遺書とはだいぶ異なっている。

書いた時点ではまだ、宣告されてはいなかったけれど、松陰はすでに死を覚悟していた。にもかかわらずその文体に乱れはなく、静謐《せいひつ》さにあふれている。

前半は、申し立てから投獄までの経緯を端的に述べており、後半部分には同志たちへの申し送りが極めて適切に真心あふれる筆致で記されている。

現代の私たちにも、覚悟を決める場面はいつもある。大小はあるけれど、生きることは覚悟を決めることとの連続だとも言える。逆境にあるときほど、心を整えることの大切さを松陰は身をもって示している。

２　『講孟余話・留魂録』が記された時代背景

●外国の脅威がどれほどだったのか

吉田松陰が生きた時代、幕府の体制は大きく揺れ動いていた。あまりにも長く続いた太平の世から、気がつけば封建制度の行き詰まりが明らかになってきた。その危うい状況を顕在化させたものは日本の外からと、そして内側からの両方からやってきた。

外からの力とは、世界を飲み込もうとしていたアメリカやヨーロッパ列強の存在だった。一九世紀の初め、すでにインドやインドシナは英仏の植民地になっていた。清国では１８３０年代にアヘン戦争が起き、これがきっかけで列強にひざまずかされる結果になった。この事実は日本の知識人に大きな影響を与えずにはおかなかった。

●進歩した文明を取り込もうとした佐久間象山

吉田松陰の師匠だった佐久間象山《さくましょうざん》は、その力が日本に向かうことを予見し、西洋学を研究しはじめた。長野県の松代市には、象山が電信の実験を行った鐘楼《しょうろう》が残っている。また、同市にある象山記念館には、自家製の電気治療器や医療用蒸留器などが展示してある。

実際に訪ねて見てみると、なんとも必死な思いが伝わるというか、不思議な気分にさせられる。あれほど博識な人物が、今ならさしずめ小学校の理科の実験のようなことに真剣に取り組んでいたのだ。それほど欧米の脅威はすさまじかったということの証ともいえるだろう。

●日本最古の戦車

ちょうどその頃、水戸藩主の徳川斉昭《なりあき》は、潜水艦の設計図を熱心に描いていた。その原画は今でも水戸藩校弘道館《こうどうかん》に残っている。潜水艦は実際に試作機を海に浮かべる段階まで持っていったらしい。

このほか斉昭は、日本最古の戦車も作った。安神車《あんじんしゃ》と呼ばれたこの兵器は、牛車の屋形部分の周囲に鉄板を張って牛に引かせるというものだった。

もちろんこれは殿様の道楽なんぞではない。太平洋に向かって海岸線が長く伸びる水戸藩は、海防意識がどの藩よりも強かった。幕末になると、遠くの沖合に、頻繁に外国船が通るようになった。いずれ寄港し、さまざまな要求を突きつけてくることが予想できた。

この当時、勤王の志士はみんな水戸で学んだ。水戸学は、ひとことで言ってしまえば外国人排斥の学問だ。だが、それが不可能であることを冷徹に見抜いている人もいた。

●黒船来航を予見していた人物

吉田松陰が乗り込んだペリー提督の黒船が久里浜沖にやってきたのは、嘉永六（１８５３）年。その九年前、ペリーの来航を予見していた人がいた。薩摩藩主の島津斉彬《しまづなりあきら》だ。

斉彬は１８４６年、琉球に宣教師バーナード・ジャン・ベッテルハイムが上陸したことを知っていた。すぐにベッテルハイムから中国が植民地化されたようすをつぶさに聞き取らせ、二万語におよぶ記録を手にした。それによって斉彬は日本が植民地化される恐れが限りなくあることを誰よりも早く察知し、強い危機感を抱いていた。早速彼は、鹿児島湾のあちこちに砲台を築いた。

しかし、実のところ薩摩の本音は開国だった。琉球を中継して海外と密貿易をしていたから、欧米列強の力も、それにあえなく屈したアジアの国々のことも客観的に知っていた。表向きは攘夷だが、実際に欧米に勝てるわけがないとわかっていたのだ。

●吉田松陰の故郷からも外国船が見えた

そのころ、吉田松陰のふるさと長門はどうだったのだろうか。藩主の毛利敬親《たかちか》公は表だった活動は控えていたけれど、外国勢の活動は手に取るようにわかったはずだ。

日本海に突き出た萩城のある指月山《しづきやま》からは、沖合にロシアの船が行き来しているのがはっきりと見えていたという。長州藩の人々もまた、海外の力がもう間もなく、この国に押し寄せてくることを肌で感じていたのである。それは強烈な危機意識への目覚めだった。

●一一歳の松陰が教鞭を取った藩校とは

では、国内の危機とはどういう姿で現れたのだろうか。それには藩校というシステムから眺めてみるとわかりやすいかもしれない。

松蔭がわずか一一歳で教鞭を執ったという藩校明倫館《めいりんかん》。藩校とは江戸時代後期に全国で相次いで創立された、武士の青少年たちを育成する学校だ。全国に二〇〇以上あったといわれ、八歳前後から入学し成人するあたりまで学んだ。カリキュラムはもっぱら四書五経の素読に始まり、その内容を理解し、討論を行うことだった。

水戸の弘道館のように武道場が学内に設けられている藩校もあり、ここをモデル校にして、文武両道を学風として掲げていたところも多い。藩校の流れを汲む学校は現在もたくさんあり、たとえば米沢の興譲館《こうじょうかん》高校、愛媛の明教館《めいきょうかん》を受け継ぐ松山東高校などがあり、現在、県下随一の進学校となっている。

さて、江戸後期、なぜ藩校がさかんに開校されたのか。もちろん次世代のリーダーを育成することが第一義だったけれども、それ以上に深刻な問題があった。

当時、一流といわれる知識人や武士は、儒教を学んで成長していった。そのため、佐久間象山ほどの人も、「西洋に軍事や産業面では劣っているが、この日本は道徳で勝っている」と思い込んでいた。だが、実際はそんな唯一のよりどころさえあやふやなものだった。

読み書きはおろか、あいさつもろくにできない武士の子弟が多く、これでは藩を担っていくことができない。当時の風紀の乱れを正し、まともな武士を育てなければ大変なことになるという危機感から藩校を設立したというのが、どの藩でも正直な事情だったようだ。

このように、太平の世を平穏に過ごしてきた日本は、国内でもそうした問題を抱えていたわけである。

●力をつけ始めた雄藩

江戸時代の後半は、全国の藩はほぼ例外なく財政が逼迫《ひっぱく》していた。それで、地域産業を藩の中で独自に指導した。それは幕府の支配のもとにありながら、次第に群雄割拠《ぐんゆうかっきょ》と同じような様相を示していった。薩摩、長州、福井、米沢などがそうだ。

また、国政を京都の朝廷が担うべきだという考えが学者の間から上がってきた。武は江戸の幕府で、政は京都の朝廷というふうにわけることが、進歩した国の姿だという思想だ。当然幕府はこの考え方を警戒し、実際に処分された学者もいた。

幕府を擁護する人びとは、雄藩にくらべて力が相対的に弱くなっている弱点を補うために、天皇の神話的な権威を借りて、公武合体の見方をよりいっそう進めていった。水戸学もそうした性質を帯びていた。そして儒教の教えを基盤として、尊皇攘夷《そんのうじょうい》の立場を取った。

●なぜ松陰は処刑されなければならなかったのか

こうしたさまざまな要因が一気に動き始め、太平の世が一転して不安に陥っていた。安政の大獄と呼ばれる江戸幕府が尊王攘夷派などに対して行った弾圧は、安政五年（１８５８年）から安政六年（１８５９年）にかけて苛烈を極めた。

ことのきっかけは、江戸幕府の大老井伊《いい》直弼《なおすけ》や老中間部《まなべ》詮勝《あきかつ》が、天皇から勅許を得ないまま日米修好通商条約に調印したこと。また、次の将軍を徳川家茂に決定したことだ。こうした諸策に反対した尊皇攘夷や一橋派の大名・公卿・志士など、連座した者は一〇〇人以上にのぼった。

吉田松陰が処刑されたのは安政六年の十月二七日のことで、まさに、この弾圧の幕引きのようなタイミングとなった。

吉田松陰は取り調べの際、聞かれもしないのに幕府老中の間部下総守を要撃する計画についての一切を申し述べた。実際に実行されたわけではないが、それは聞き捨てならないと役所は判断し、ついに処刑となってしまった。それだけ幕府が動揺していたということを、如実に物語っていると言えるだろう。

●逆境の時代に

吉田松陰が生きた時代をひとことで言い表すなら「逆境」という言葉がふさわしいかもしれない。日本は長く平和な鎖国の眠りから否応なく目を覚まさなくてはその将来はなかった。

そんな時代に翻弄されながらも、信念を貫いたたくさんの志ある人々。国家も、一国民も逆境の中にあって、生きる道を必死になって模索していた時代だと言えないだろうか。

3 吉田松陰の歩み

●絵に書いたような武士の家

享年三一。短いけれど、輝きに満ちていた吉田松陰の生涯。ここでは、その人生の節目をたどってみたい。そこから見えてくるものは、自らの学びと、教えの足跡だ。

吉田松陰は天保元年（１８３０）年八月四日、長州萩の城下にほど近い松本村で生まれた。父は、長州藩士・杉百合之助常道で、家禄はわずか二六石。もちろんこの禄高だけでは食べていけないので、父は家計を助けるために、いわば半農半士にいそしんだ。それでも精神修養を欠かさず、杉家は、謹厳実直な下級士族らしい暮らしぶりだったようだ。母の名は滝といい、その慎ましい暮らしを一生懸命に支えた。松陰はこの杉家二男として生まれ、その妹には久坂《くさか》玄瑞《げんずい》に嫁いだ杉文《すぎふみ》がいた。

●意外にも早く訪れた定め

松陰が五才の時、叔父・吉田大助賢良が亡くなり、後継がいなかったので、松陰がその養子となった。この吉田家は代々、山鹿流《やまがりゅう》軍学師範の家柄で、松陰もまた軍学の師範として生きる定めを背負うことになった。

亡くなった養父に変わって松陰に恥ずかしくない教育をする使命を感じたのは、実父の弟、玉木文之進《たまきぶんのしん》だった。この叔父や実父が野良仕事に出ると幼い松陰も連れ出され、あぜ道で四書五経やら軍学やらを暗唱させられた。きちんと覚えないと容赦なく鞭が飛んできたという。

松陰が『孟子』の素読を玉木文之進から教わったのは、数えで六歳。その年齢で孟子の意味がわかっただろうか。たとえ松蔭といえどもただ教え込まれ、詰め込まれていたことだろう。けれども彼はめきめきと才能をあらわしていった。

松蔭は数えの十歳で藩校明倫館に出て、講義を行った。さらに、一一歳の時には、藩主毛利敬親の前で『武教全書戦法編』の講義を行い、「松本村に才あり」と城下に響き渡らせた。こうして叔父の玉木文之進が思い描いた通り、山鹿流の軍師としての吉田松陰は成長していった。

しかしそれはしょせん型にはまった秀才の域を出ない。その限界を自ら打ち破って、のちに優れた思想家として開花していったきっかけが、やがておとずれることになる。

●世界に見開かれた瞳

一六歳になった松蔭は、長沼流兵学の山田亦介《やまだまたすけ》という軍師から手ほどきを受けていた。そのとき、世界情勢について聞かされたことが大きな衝撃となった。松蔭は時代がまさに動いていることをはっきりとイメージしたのだ。

もともと松陰は書斎にこもっているたちではなかった。二一歳になった松蔭は、九州に遊学した。目に触れるすべてのものに興味を持ち、手にした本も片っ端から読んだ。平戸や長崎に滞在中、百冊以上を読破したといわれる。その中にはアヘン戦争のあと中国がどんな状況に追い込まれたか、あるいは西洋の事情、砲術なども含まれていた。

さらにオランダ船も目の当たりにした。こうしたすべての新しい知識や見聞が、山鹿流の軍学に自分を限定して生きていってよいのだろうかという内省をうながしたという。そもそも、山鹿流、高島流といったそれぞれの流派を引き継いでゆくことに、どれほどの意義があるのだろうか。それよりも「敵に勝つには、まず相手を知ること」と、孫子の兵法にもいう。今は、どんな外敵が日本を狙っているかということを知るのが大切だと松陰は痛感した。

●藩主のお供で江戸に

ほどなく、吉田松陰の膨大な知識と見聞とが一気に開花する日がやってきた。九州遊学の翌年、藩主のお供で江戸に出向いた。松蔭はそこで、佐久間象山をはじめ、安積艮斎《あさかごんさい》、山鹿素水《やまがそすい》といった江戸でもっとも先鋭的な学者の門を叩いた。こうした師から直接師事を受けるかたわら、『論語』の輪読会などをさかんに開催した。こうして松蔭は次第に兵学から経学、つまり四書五経へとその知的な関心を赴かせていった。

●なぜ、許可を得る前に東北旅行に

江戸滞在中、松蔭は東北旅行に出発した。もちろん藩にも前もって願いを出していたし、国元の父兄の許しも得ていた。ところが、急に出発を早めて、許可をもらう前に旅立ってしまったのだ。表向きの理由は、同行者の宮部鼎蔵《みやべていぞう》たちとの約束を守るためだったというけれど、取って付けたような印象が否めない。

実際のところ、これは確信犯だったのではないかという見方が大勢だ。松蔭なりに悩み抜いた末の決断だったのだろう。

●学問の世界に解き放たれる

松蔭が藩の許可が出る前に東北へ出発したのは、脱藩と同じことであり、当然、処罰の対象となる。松蔭ともあろうものが、そんなことを知らなかったわけがない。一瞬このまま放浪の身になろうかという道も脳裏によぎったけれど、そうなれば一族にもおとがめが及ぶ。そこで彼は自首して出た。結果としては、家禄を失うことになり、同時に山鹿流軍学師範というお役目からも解放されることになった。

近現代の歴史家は、この行動はかつて廣島藩の儒学師範だった頼山陽《らいさんよう》が脱藩を計って、自分の思うところの学問を追究した生涯とよく似ていると指摘している。

さて、松蔭は東北旅行の途中、水戸にも寄って水戸学も学び、日本の歴史に対する関心を強めていった。亡命の罪を負って、幽閉の身となってからも、『日本書紀』をはじめ、わが国の歴史関係の本を読破していった。

●黒船来航で見えてきたこと

東北旅行の二年後、幽閉生活を終えた松蔭は、藩主の許しを得て、江戸に向かった。そしてもう一度、佐久間象山の教えを請うた。

その年、嘉永六（１８５３）年、はアメリカのペリー提督が軍艦四隻を引き連れて久里浜沖にやってきた年だ。しかも、威嚇の艦砲射撃をしながら、江戸湾を我が物顔に航行した。そして開国の要求を突きつけた。とうとう、予見していたことが本当になってしまったのだ。

幕府は一歩も引かず、毅然とした態度を取るものと思われたが、松蔭の期待に反して、開国へと流れていった。しかも、尊敬する学者の多くが、なんの方針もない幕府を擁護する側に立ち、松蔭は幻滅した。彼の思想は、単なる観念ではなく、つねに、現実にあてはめて具体的な方策と行動へ導くものでなくてはならないものだったからだ。

●進んだ西欧の文明を吸収するために

嘉永七（1854）年、松陰はペリーの黒船に乗って国禁の海外渡航を図る。なぜ、松蔭があれほど野蛮な外敵と言い続けてきた欧米に密航しようとしたのだろうか。

彼の野望は、優れたものから積極的に学び、自分のものとすることは彼の志が向かっていたところだったし、また、師である佐久間象山のすすめでもあった。しかし、ペリーに断られ、結局、その夢は果たせなかった。密航を試みることは国内では罪にあたると認識していた象山は自首し、江戸天満町の牢獄に囚われの身となった。

●そして、野山獄の日々へ

江戸で取り調べが終わった松蔭は、萩へ送り返された。野山獄《のやまごく》とは、名前の持つ印象とは対照的に萩の町のほぼ中心にあった。夏みかんが香る武家屋敷跡を抜けてひっそりとした住宅街に行けば、今でも跡地が残っている。

しかし、この獄中での生活は大変に悲惨なものだった。だが、それ以上に松蔭を驚かせたのは、不当な罪を着せられ、顧みられることもないまま何十年も入牢生活を送っている人々がたくさんいるという事実だった。彼らはもう、すっかり人生に絶望しきっていたし、釈放を訴えることもすっかりあきらめていた。だが、松蔭はこの逆境の中で読書を続けた。

●獄中で見つめ直した学問の向かうところ

ほどなく松蔭は獄中で他の囚人たちと『孟子』の輪読会を始めた。六歳から叔父に素読の手ほどきをうけたものの、その後ほとんど『孟子』を手にしたことはなかった。なぜ松蔭はあえてその時、『孟子』を選んだのだろうか。

ひとつは、アメリカ艦船での密航の挫折という現実だ。西洋の実学を学ぶという夢は、完全に閉ざされてしまった。かといって会沢正志斎《あいざわせいしさい》の『新論』といった、観念論を獄中でしたためるのも、今の彼にとっては魅力がない。そもそも獄中では、良い師も良書も簡単には手に入らない。もう佐久間象山のような学問の方向は望めない現実があるのだ。

唯一活路が見いだせるとすれば、きっぱりと実学から離れて、自らの学問を政治論として伸ばしていこうという方法だった。そんな松蔭にとって、『孟子』は今の政治情勢を考える上での格好のケーススタディーとなった。また、過酷な獄中での生活の中で、『孟子』の説く性善説は、彼自身にとっても、他の囚人にとっても生きていく励みになった。

●逆境の中でたどりついた真の教育

『講孟余話』では、不当に長く繋がれている囚人を何人も釈放するために、松蔭がさまざまな活動をしたことも記されている（「尽心」下・首章）。何の見返りもないばかりか、自分が不利になるリスクを冒して、なぜ、松蔭はそこまでしたのか。

松蔭が本当の教育者として目覚めたのは、まさに、この野山獄だった。教育を施すということに関してなら、松蔭は、幼い頃から山鹿流軍学の師範になる運命を背負い、猛勉強の末にそれを果たした。そしてすぐれた才能をいかして、わずか一一歳で藩校明倫館《めいりんかん》で軍学の教鞭をとった。けれどもそれは、いわば定めに従ったまでのことで、教える者と学ぶ者との心の絆を育むところまでにはいっていなかった。

だが、この野山獄に入れられて、囚人たちと不思議な学びのサークルを形成するにいたって、心のそこから思った。この人たちをもう一度世の中に帰すことができないものか、と。

虚心に語り合ってみれば、囚人たちは誰もがまだこの世できっと光るだろう資質を持っていると松蔭は感じた。『孟子』の輪読だけでなく、俳句や書道の会も開催し、囚人たちが先生となる場面もたくさんあった。彼らは、学び、教えるという体験を通じて、ふたたび生きる意義を見出したことだろう。

こうして松蔭の働きかけで、不当に長い獄中生活を余儀なくされていた囚人たちの何人かは実際に、もう一度社会に復帰する機会を得ている。

●獄中体験から生まれた松下村塾

獄中での教育というまれな体験は、その後、吉田松陰が野山獄を出たあとも続くことになった。

安政二年（1856年）、一年余りの獄中生活を経て松陰は釈放された。表向きの理由は病気保養、実家の杉家に戻すという沙汰を受けた。松陰は自宅の狭い一室に閉じこもり、ここで静かに自学自習に没入しようとした。そこへ、父と兄がさっそく訪ねてこう言う。

「お前が獄中で行った『孟子』の講義録を読んだが、大変すばらしいではないか。完成させないのは惜しい。この家で講義を続けてはどうか」

こうして、名高い松下村塾《しょうかそんじゅく》は始まった。もともと、松下村塾という名で私塾を始めたのは松陰の叔父、玉木文之進だった。だが、野山獄を出てから幕命により江戸に召喚されるまで、松陰は実質的な主宰者として後輩の育成指導に当たった。

その期間はたったの二年半。どうしてこれほどまで松下村塾が有名になったかといえば、続々と優秀な若者が集まったからだといわれる。奇兵隊を作った高杉晋作、攘夷を掲げ禁門の変に散った久坂玄瑞、明治政府の時に初代の内閣総理大臣となった伊藤博文など、江戸から明治へ変わる原動力となった気鋭の若者たちがいた。

松下村塾は、表向きは『孟子』を講義する漢学塾だった。けれども、あの野山獄での教育はここでさらに開花していく。松陰自身が目指す実学指向のもとで、当時の世界情勢や国の実情について考え、討論する、熱血トークの場となっていった。

●立ち上がれ、名もなき人よ

松下村塾ではもちろん、さまざまなエピソードが語り伝えられている。吉田松陰に論戦を挑んできた久坂玄瑞を諭し、入門させたこと。久坂はのち、松陰の妹、文を妻に迎えている。文は2015年放送のNHK大河ドラマ『花燃ゆ』のヒロインとして描かれている。

また、龍虎と呼ばれた高杉晋作と久坂玄瑞を競わせ、互いに切磋琢磨させたことも有名だ。あるいはまた、松陰が喫煙をたしなめたところ、塾生が次から次へと煙管をヘシ折り、山になったという話もある。さらには山口県らしく、「毒のある河豚《ふぐ》を食べること」の可否について、海外情勢を語るのと同じくらい熱く議論したという。

松下村塾では、身分を問わず広く門戸を開いていた。実際の割合としては、八割以上が士分だったという。この頃、吉田松陰が好んで用いていた言葉が、「草莽崛起《そうもうくっき》」だ。これは志を持った無名の人々が一斉に立ち上がり、大きなことをなそうというエールである。松陰はじめ、弟子である高杉や久坂も、武士階級こそが民を率いて国難に立ち向かうべき、という考えだった。このことについては「尽心」上・三十二・三十三章でも、松陰は持論を述べている。

未来を憂い、国を率いる士分の若者を育てる場。それが松下村塾であり、ときに塾生の生き方についても松陰は熱く静かに語りかけたという。

●もう一度、行動する人へ

松下村塾の学びのシーンは次第に変わっていく。『孟子』の回読からすっかり離れ、もっぱら時事問題についての討議となっていった。さらに練兵のプログラムも新しく加えられることになった。これは、松陰自身がふたたび「行動する人」する人としての情熱をたぎらせ始めたことを示している。だが、結果的にはそれが彼の命取りになってしまう。

松陰の思いは、安政六（1859）年、間部下総守を要撃する計画にたどり着いた。松陰は彼らの先頭に立って、計画を実行する際に使う火器弾薬をよこせと藩に掛け合った。これがもとで、松陰はまた野山獄に幽閉されることになってしまった。

●「首切り浅」による介錯

その間、幕府の尊王攘夷の同志への弾はますます苛烈になっていった。いわゆる安政の大獄と呼ばれるものである。松陰もついに江戸へ移送され、小伝馬町の獄舎に投じられてしまった。幕府による取り調べの経緯は『留魂録』の前半部分で簡潔に述べられている。

死を覚悟した松陰は安政六年十月二十六日、『留魂録』を遺書としてしたためた。そして翌二七日朝、予想通り死罪が言い渡され、その日の午前中に斬首された。松陰三一歳のときである。

介錯役を務めたのは、幕府の刀剣試し斬り役だった山田浅右衛門だ。別名、「首切り浅」とも呼ばれ、小池一夫原作による漫画（作品名は『首切り朝』）でも知られる。浅右衛門によれば、松陰の最期は「まことに従容たるものであった」という。

●教え子たちの多くが明治維新のVIPに

明治の世になると、伊藤博文、山川有朋など松下村塾の出身者が政権トップに君臨した。そのこともあって、吉田松蔭は次第に神格化されていった。

明治一五（1882）年には、東京都世田谷区に松陰神社が創建されている。

いっぽう、明治二六（1893）年、徳富蘇峰《とくとみそほう》が伝記『吉田松陰』を刊行し、その中で「革命家」と紹介している。実際に、吉田松陰は、フランス革命後に出現したナポレオンを崇拝していたし、その評価は間違ってはいない。けれどもこれがもとで「革命家呼ばわりするとはけしからん」という反対意見も巻き起こった。

その後『修身』の教科書にも取り入れられ、熱血青年としての像が国民の間に浸透していった。

●「先生」と呼べるのは吉田松陰だけ

数年前、松下村塾を取材で訪れた際のことだ。前乗りした晩に萩市内の料理屋を訪ねると、思いのほか歴史談議で盛り上がり、大将は料理そっちのけで郷土の偉人たちへの熱い思いを語ってくれた。話が吉田松陰に及んだ時、大将はこう言った。

「地元の人は、吉田松陰先生って呼んでいますよ。伊藤博文も山県有朋も呼び捨てで、いっこうに構いません。でもね、松陰先生だけは別です」

後から聞いた話だが、吉田松陰に先生をつけるかどうかでその人が山口県民かどうか地元では判断しているともいう。

今、松下村塾のつつましい学舎は世界遺産に認定されている。松陰が一一歳で軍学の講義をした藩校明倫館は、明倫小学校として受け継がれ、生徒たちは一年生から六年生まで松陰の言葉を毎朝『朗唱』する。一学期に一つずつその言葉を覚え、全部で一八の言葉をすっかり暗唱できるようになって卒業していく。

　志士であり、兵学者であり、イノベーターだった吉田松陰。わずか三一年の短い生涯が今も輝いているのは、そこにもうひとつ、教育者としての側面があったからかもしれない。いずれにしても郷土の偉人という枠をはるかに超えて、これからもビジネスパーソンだけでなく、多くの人に慕われる存在であり続けることだろう。

第2部

現代日本語訳で読む『講孟余話』『留魂録』

※第2部　現代日本語訳の作成にあたっては、『講孟劄記』（吉田松陰著、近藤啓吾 全訳注　講談社学術文庫）、『留魂録』（吉田松陰著、現代日本記録全集2　維新の風雲　筑摩書房）をもとに、さまざまな訳書を参照した。また。読みやすさを考慮して、適宜、注釈や解説等を施している。

※第1章『講孟余話』については、本シリーズの主旨にのっとり、現代に生きる人々に伝えたい言葉・項目を厳選して抜粋し、まとめている。

※現代では一部不適当な表現もあるが、本書が執筆された時代背景を考慮して、文中の表現を反映している。

第1章

『講孟余話』

現代日本語抄訳（抜粋）

序

まともに生きていこうとすれば、その道は、気高くもあり、美しくもある。同時にそれはとても単純明快で、いつも身近にあるものだ。おうおうにして人は、その気高く美しい面だけに目を奪われがちだ。そして、はじめから自分にはそんな生き方などできるわけがないと決めてかかる。もっと単純で親しみやすいものだということを知らないで生きているのである。

人の道を歩んでいると、金持ちになったり貧乏になったりする。楽に過ごせる時もあれば、災難続きの時もある。しかし、私に限っていえば、身の回りにいろんなことが起こったけれど、どんな時も変わらない姿勢でこの道と向き合ってこられたと思う。そのようなものなど、ついぞ意識したことがないくらいだ。これは、道がそんなにややこしいものでもないし、親しみを持てるからこそできたことだろう。

ところが世の中のたくさんの人は、富を手に入れると堕落するし、落ち目になれば人が変わったようになってしまう。安楽に耽ろうと、災いや苦労にさいなまれようと、どっちにしても、ふだんの心がけなどどこへやら。自分のあるべき姿を見失い、自力で抜け出すことができなくなってしまう。

そうしたことを目の当たりにすれば、まっとうに生きるということを、気高く、美しいものだととらえてしまうのも無理からぬことかもしれない。

孟子という人は、聖人というには今一歩の人物ではあるけれど、その言葉はじつに明快だ。まっとうに生きることは、ほんとうはもっと親しみやすいことなのだ。わかりやすく、そう説いてくれる。世の中で字が読める人のうち、孟子を読まない人はめったにおりはしまい。にもかかわらず、この孟子を読んでいたとしても、まっとうに生きることを自分自身の人生で実現しようとする人物は少ないようだ。これは、どうしてだろうか。

それたぶん、こういうことに違いない。さきほども言ったように、人生ではお金持ちになったり、身分が高くなったりすることがある。反対に、貧しくなったり落ちぶれたりすることもある。こころが安らかな時、楽しい時、思い悩み苦しむ時など、いろいろな状況に身を置くことになる。そうしたことに、人はいちいち惑わされてしまっているのである。

お金持ちになったり、地位を上り詰めたり、あるいは安らかに楽しく生きるこ

孟子
前372年頃～前289年頃　中国、戦国時代の思想家で鄒(山東省)の人。姓は孟、名は軻。字は子車、子輿。子思の門人に学び、孔子の道を継承し発展させることを自任した。自給自足の衣食住の確保や自由関税など人民の恒産を安定させ、教育を普及して道徳国家を実現するという王道の理想を掲げた。遺説は『孟子』(7編)に残る。性善説を唱え、宋の朱子学に継承され、良知説は明の陽明学に継承されているように、中国の理想主義的道徳論の基礎を築いている。

とは、いわば順境といえる。反対に、貧しかったり、落ちぶれたり、あるいは悩み苦しんで生きなければならないことは、逆境といえる。

順境に身を置けば、どうしても気持ちがゆるんで怠けがちになる。また逆境になると、気持ちが引き締まって、がんばろうという心持ちになるものだ。怠ければやがて道を見失うだろうし、がんばれば道がひらける。これが人の常なのである。

私は昨年、下田沖に停泊していたアメリカの軍艦に乗り込んで渡航しようとして失敗した。その行為がこの国では罪に問われ、この野山獄というところに投獄されている次第だ。だが、幸いに吉村五明、河野子忠、富永有隣という三人と友だちになった。私は彼らと一緒に、書物を読んでは、まっとうに生きるとはどういうことなのかについて語り合ってみて、喜びがこみあげてきた。それで、こんなことを言ってみた。

「みなさんも私も、今は逆境の中にいます。これは、『まっとうに生きる』よう励める境遇に身を置いていることにほかなりません」

野山獄　吉田松陰が投獄されたことで知られる、江戸時代に長門国萩（現在の山口県萩市）に設けられた牢獄。野山獄には主に士分の者が投獄され、もうひとつ設けられていた岩倉獄には町人や農民が投獄された。

吉村五明　俳諧を好み、五明庵と号した。

河野子忠　通称は河野数馬。

富永有隣　通称は富永弥兵衛。野山獄を出獄後は、松下村塾の賓師として迎えられた。

この言葉がきっかけで、『孟子』の書を手にとって、一緒に勉強会を開くことになった。そしてお互いに励ましあいながら、孟子がいう「まっとうな生き方」について学んでいこうと誓いあった。そのうち野山獄の役人である福川犀之助さんも加わり、「すばらしい取り組みではありませんか」と言ってくれた。

こうして私たちは悠々と学問を楽しみ、ときには腹の底から笑ったりした。やがて、私たちは確かに牢屋の中にいるけれど、苦しいことなどいささかもないとさえ思えるようになっていった。そうして、私はこの勉強会での気づきを記し、それを本にまとめ、『講孟箚記』という名をつけてみた。

孟子がどんなことを言っているかはすでによく知られているので、改めて詳しく語るまでもない。ただ、私はその書物を読んでひとりで喜んでいるだけでは、どうにも納得できなかった。そこで声に出して読んでみたが、それでもなにかまだおさまらない。そこで、思いついたことを心のままに書いてみたいと考えるようになったわけである。

ところでこの野山獄は、聞いたところによると、昔はだいぶ秩序が乱れていたらしい。囚人たちは飲んだくれては、すさんだ気持ちをもてあまして大騒ぎをやらかす。まったく人としてまっとうに生きる道を踏み外してしまっていたよう

福川犀之助
長州藩士で、野山獄の司獄（看守、獄吏）を務めていた。松蔭の言行を尊敬するようになり、獄中での読書や『講孟余話』に繋がる講義の自由などを許可した。

『講孟箚記』
あとがき（P256）にも書かれているように、本書のタイトルは当初『箚記』とされていた。「箚」の字には針で刺すという意味があり、書いたものがまるで針で肌を刺して鮮血がほとばしるように鋭くあればいいとの思いを込めたが、書き終えてみて、実際には喜怒哀楽に任せて孟子の講義の余話に過ぎず、とても箚記と呼べるものではないとして、完成後に『余話』と改めた。

だ。やっと今のお殿様の時代になって、藩の政治が広く改革された。その恩恵はこの牢獄にも行き渡り、悪い振る舞いがことごとく改められた。そしていろいろと立派な行動や習慣が根付いてきた。

こうした変化は、牢獄の役人である福川犀之助さんの骨折りも大きいと思う。今はこうしてみんなといっしょに獄中にいる身であるけれど、ゆったりと構えて学問を磨いている。こんなふうにとらわれの身を楽しむことができるのも、すべては私たちの藩主の愛と徳によるものだし、福川さんの尽力あってのことである。だから私たちは、その恩に応えるために、まっとうな生き方とはどういうものなのかを明らかにしていかなくてはならないと思うのである。

安政二年のとある秋、私こと二十一回猛子藤原寅次郎は、この文章を野山の獄の北房にある第一舎で記した。

今のお殿様　江戸後期の萩藩十三代当主、毛利敬親。

二十一回猛子藤原寅次郎　吉の十一と田の十とを加えた二十一に吉の口と田の口を加えた回とを合わせたもの。自らを鼓舞し、二十一回猛を奮うとの意から二十一回猛子と号した。藤原は吉田氏の本性、寅次郎は松蔭の通称。

第一場　乙卯六月十三日

孟子序説

孔子や孟子の教えを記した『経書』を読む際に、いちばん肝心なことは、聖人や賢人といわれる人物に、むやみに媚びないことだ。もしもそんな気持ちが少しでもあると、「まっとうな生き方」がかえってわかりにくくなってしまう。これではせっかく学問をやっているのに、得るところがないばかりか、かえって害を及ぼしかねない。

なぜかというと、孔子や孟子は生まれた国を離れて、よその国に仕えたからだ。これはそもそも申し開きができない行いである。君主というものは、父親と同じだ。どこかにいい君主はいないかと、国から国を渡り歩く。これはたとえるなら、実の父が道理のわからない人だからといって家を飛び出て、隣の家の老人を自分の父親にするのと変わらない。この孔子や孟子のふるまいは、どんなに言葉を尽くそうとも弁解の余地はない。

そんなふうにいうと、言い返してくる人も中にはいるかもしれない。

孔子
前551年頃〜前479年　中国、春秋時代の学者・思想家儒教の開祖。

『経書』
四書五経の類で、孔子や孟子の教えを集めた人類普遍の古典書。

「孔子や孟子が説く『まっとうな道』についての教えはもっと大きなものだ。自分の国だけでなく、天下全体をよくしようと願っている。どうして小さな自国だけにこだわる必要があるというのだ。それにもし名君や賢君といえる人に仕え、『まっとうな生き方』を実践することができたとしたら、広く天下がその恩恵を受けることになる。そうすれば、自分の故国にもその恩恵がめぐってくる。したがって何も自分の生まれた国にこだわることはない」

この意見に対して、私ならこう反論したい。

「ある君主が世の中をよくしようと思って自分の故国を離れることは、国を治めようと思うのに自分自身のことをきちんと律しないことと変わらない。『まず自分の身を修め、次に自分の家をしっかりととのえる。そのうえで自分の国を治め、最後に天下を平和にする』。朱子という人物は『大学』という書物の中でこのように説いている。この順番は、決して前後してはならないのだ。

自分の生き方や家庭をないがしろにしたまま国をうまく治め、天下に平和を実現したとしても、それは本当に賞賛に値するだろうか。その昔、春秋時代に斉の国があり、管仲《かんちゅう》と晏嬰《あんえい》という名宰相とうたわれた人物がいた。しかし、わが身や家庭についてはもてあましていた。だから、孟子はこの二人の人物を高くは評

朱子
1130〜1200年
中国南宋の儒学者。程顥や程頤の北宋動学を集大成し、朱子学の創始者として宋以降の中国や日本の思想界に圧倒的な影響を及ぼした。

『大学』
中国の儒教経典で、四書のひとつとして重要な経書。

春秋時代
周の東遷から晋が三分して韓・魏・趙が独立するまでの約360年間（前770〜前403）を指す。

斉
周代の侯国。周の武王により呂尚（太公望）が封ぜられた国で、今の山東省の地。

佃していない。さらに孟子はこんなたとえ話をしている。『馬にまたがり狩りに行ったとしても、正しい御し方でなければ、獲物を仕留めることができたとしても価値はない』」

ところが、こんな意見に対して、こんどはこう反論する人がいることだろう。

「いやいや、政治の世界では、結果が出せなければ意味があるまい」

なるほど、しかしこれは実に誤った考え方だ。前漢の時代の董仲舒《とうちゅうじょ》という学者はこう言っている。

「『まっとうな生き方』とは何かをはっきり示すことが、何より大切だ。それがいったい何になるのかということは二の次である。つねに何が正義かと考え、現実を正しくしていかなくてはならない」

これに従うなら、もしも君主に仕えていて意見が対立したとしたら、死をもって君主を諫めるのもやぶさかではない。あるいは牢屋に投獄され、飢え死にしても抗議の意思を貫くのもいとわない。むろんこういう状況になったとしたら、何の手柄にもならず、名誉も残せずに終わることだろう。けれども家来としてのまっとうな生き方を貫いたことで、末永く後の世の人々のお手本となるに違いない。

管仲
中国、春秋時代の斉の政治家、思想家。

晏嬰
中国、春秋時代の斉の政治家。

前漢
中国、古代の統一王朝。秦の滅亡後、劉邦(高祖)が建国した。

董仲舒
中国、前漢の代表的儒学者。儒教を国の根本思想とすべきことを建言し、後世の儒学隆盛のもとをつくった。

そして、その態度に感動し、奮起する人が次々と出てくるものだ。このようにして、忠義を大切にする気風は培われる。そういう国になれば、身分が高い者も低い者もみんな正義を尊ぶようになるだろう。

自分ひとりの身の上では、功名も名誉もほど遠いけれど、百年、千年という長い年月の中で見てみるとよい。結果的には、その国に計り知れないほどの忠義を尽くしたことになりはしないだろうか。これはもう普通の忠義を通り越して「大忠」と呼んでもいいだろう。

もっとも、このような考え方は、この日本という国のあり方のうえに出てくるものである。中国においては、君主のあるべき姿はそもそも違う。かの国で君主となる人は、たいてい才知に長けていて、思慮深く、たくさんの人々の中でぬきんでている者が民衆の上に立つ。それが理にかなっているとされるからだ。

古代の聖なる君主とされる堯《ぎょう》や舜《しゅん》は、これにならって帝位を次の世代のすぐれた世代に譲った。一方、殷《いん》の湯王《とうおう》や周《しゅう》の武王《ぶおう》は、自分の君主である夏《か》の桀王《けつおう》や紂王《ちゅうおう》を武力で追放している。しかし、それでも中国では、四人とも聖人と呼ばれている。

いっぽう日本では、上は朝廷から下は諸藩に至るまで、千年、万年、絶えるこ

堯や舜
中国の伝説上の聖天子。堯と、そのあとを継いだ舜とあわせて「堯舜の治」といい、旧中国ではもっとも理想的な天子像とされていた。

殷の湯王
中国の殷王朝の初代王。愛用のタライには「まことに日に新たなり、日に日に新たにして、また日に新たなり」と文字を刻んでいた。

周の武王
中国、周王朝の始祖。

夏の桀王や紂王
古代中国における、夏の桀王と殷の紂王。ともに暴虐な君主だったことから、転じて、暴君のことを指す。

となく世襲を繰り返してきている。だから、もう、はじめから比較にならないのである。中国の家臣とは、たとえてみれば、半年ごとに奉公先を変えて渡り歩く下男や下女のようなものだ。彼らが奉公先の主を品定めして、あちこち移っていくのも、当然といえば当然。対照的に、私たちの国の家臣は、代々ずっと同じ君主の家系に仕え、生きるも死ぬも、喜びも悲しみもすべてを君主とわかちあう。たとえ死ぬはめになったとしても、わが君主を見捨てて国を去るという選択肢は、この日本ではあり得ないのだ。

ああ、いったい私たちの父母はどこの国の人なのか。身につけている服や食べているものは、どこの国のものなのか。書物を読んで「まっとうな生き方」を知ることができたとしたら、それは誰のお陰だろうか。それなのに、ちょっとばかりそりが合わないからといって、突然、君主のもとを去る。これはもう、人としてどうなのだろうか。私は、孔子や孟子を今この時代に呼び戻して議論してみたいとさえ思うのである。

聞くところによると、近ごろ海外の国々では、頭の切れる人や知恵のある人を引き立て、政治を改革しようとしているらしい。そして、ものすごい勢いで進んだ国々を圧倒する気満々だという。そんな国がこの日本に攻め寄せたとしたら、どうやってその勢いを押しとどめることができるだろうか。

　方法はただひとつ。先ほど論じたように、まず私たちのこの国のありかた、つまり国体が、外国の国体とどう異なっているのかを、日本人すべてがしっかりと共有することだ。そして、国中の人が、この国のために一命を捧げる覚悟を持つこと。藩にあっては、藩士が全員、自分たちの藩のために死のうと覚悟すること。家来は君主のために命をなげうち、子は父のために死ぬ覚悟をする。たったそれだけのことなのである。

　この覚悟が、しっかりと私たち一人ひとりにできていさえすれば、諸外国の野蛮な侵入など恐れるにたらない。まずは、この会の皆さんといっしょに、この「まっとうな生き方」の意義を探求し、いざという時に実行できるよう奮起しようではありませんか。

第二場　六月十八日

梁恵王　上　首章

戦国時代、魏《ぎ》の国を治めていた武侯《ぶこう》という王がいた。彼の治世二年のとき、都を安邑《あんゆう》に定めた。その子の恵王《けいおう》の治世となって三十一年のころ、異変が起きた。秦《しん》という国が商鞅《しょうおう》という参謀の意見を聞いて東へ侵略を始め、黄河のすぐ際まで進んできたのだ。恵王は、安邑が黄河に近いので危険を感じ、都を大梁《たいりょう》というところに移した。そして治世三十五年のとき、恵王は諸国から賢者を招き集め、彼らを手厚く待遇した。その中のひとりが孟子である。

魏の国の政治の様子は、大まかにいうならこのように油断できない状況だった。さてこの恵王は、初めて孟子と面会した際、どうしたら富国強兵を実現できるかと尋ねた。その点で、この王も志を持っていたということになる。

ところが孟子の答えはこうだ。「国益よりも大切なのは仁義です」。そう言って恵王をたしなめた。いったいこのやりとりを、どう読み解けばよいだろうか。仁義はものの道理の問題で、国益は事業の成果だ。

魏の国　中国の王朝のひとつで、220年から265年まで続いた三国時代の国のひとつ。

安邑　中国山西省南部運城にある旧都。

秦　最初に中国を統一した国。

商鞅　中国、戦国時代の政治家。孝公の死後、反対派によって車裂きにされた。

孟子の考えはこうだ。道理にかなうようものごとを推し進めれば、自然と事業は成功を見るもの。結果的には国益にもかなう。逆に事業を成功させることばかりに躍起になると、道理を失うことがままあるというわけだ。

また、事業を達成することばかりに気をとられると、ついその場しのぎになりがちで、結局は志を遂げることができなくなる。かりにちょっとばかり達成できたとしても、それをずっと維持していくことは難しい。つまり、未来永劫にわたるよい方法とは何かという長い視点を欠いたまま、目先の事業の成功ばかりにとらわれると、やがて大きな害に見舞われるものだ。

そんなことに惑わされず、こうあるべきだという道を一貫して探求し、くじけずつき進めば心配しなくてもものごとは達成されるだろう。

孟子が、恵王の主張する国益第一の考え方をしりぞけたのも、こういう理由からだった。このことは『三国志』で有名な軍師、諸葛孔明《しょかつこうめい》も触れている。「全力を傾けて、死ぬまでがんばるのだ。成果がどうなるか、それは私の想定外のことだから。気にとめる必要などない」

これこそ道理を学ぶ学問の基本中の基本だ。むかしから賢人たちはこの点を論じており、すべてにこの姿勢を読み取ることができる。とはいえ今、それを詳し

『三国志』
中国、三国時代の歴史を記した歴史書で全65巻からなる。

諸葛孔明
中国、三国時代の蜀国の丞相で、代表的な忠臣とされる。劉備に三顧の礼を受けて仕えたと伝えられ、天下三分の計を上申、劉備の蜀漢建国を助ける。劉備の死後は、子の劉禅を補佐し、五丈原で魏軍と対陣中に死去した。

く説明することもないだろう。それよりも、ここでは少しばかりこの獄中で学習する意義をみなさんと一緒に論じてみたい。

世の中一般の見方にしたがうなら、私たちは今、囚われの身だ。ふたたび娑婆《しゃば》に出て、お天道様を拝むこともできまい。お互いに学び合い、努力を重ねたとしても、一切報われはしない。だが、こういう考え方こそ、孟子が批判する利益を最優先させる、つまり功利的な思考なのだ。

けれども、これを仁義という視点からみれば、まったく違った姿が浮かび上がってくる。それは、人が生まれながらに持っているものが自発的に作用して、物事が道理に沿ってごく自然に行われる状態だ。この世の中に、その力が及んでいないものなどひとつもないのである。

そうであるにもかかわらず、生来持っている人としての道に気づくこともなく、また、家臣として生まれながら家臣としての道を知らない。あるいは、子どもとしての道を知らず、武士として生まれても武士道とは何かに考えが及ばない。こういう人間がいることは、とても恥ずかしいことだと思う。

もしもこれを恥じ入る心があるならば、書物をひもとき、まっとうな道とは何だろうかと探求するに違いない。そして、少しは道について理解することができたとしたら、こんなに喜ばしいことはない。孔子が「朝、心理を聴いたなら、その日の夕方死んでもよい」と言ったのはまさにこのことだ。だから、ことさら事業が成功するかどうかを論じる必要もない。皆さんも、この心がけを持つことではじめて、孟子を学ぶことができる人だと言えるだろう。

ちかごろは学問を志す者が増え、役人や武士はこぞって書物を小脇に抱えて先生を探し回り、勉強に励んでいるようだ。その風潮は、まことに立派。私ごとき囚人が、ああだこうだと口を差し挟むこともあるまい。

しかし、今の役人をはじめ勉学に精を出している者たちの志には、どうも賛同できないところがある。なぜかといえば、名声を得るため、あるいは、官途に就くための手立てになっているからだ。手っ取り早く対価を得ようと学問をやっているわけで、道理とは何かを探求し、実践するためにやっているのではない。この点については、深く考えたほうがよさそうだ。

まあ、読書好きは世間にたくさんいるけれど、本物の学者といえる人はほとんどお目にかからない。これはそもそも学問を始めるにあたって、心構えが間違っているためだ。同じく、精魂を傾けて政を執る君主は多いけれど、真の名君はなかなかいない。これも政に向かい合う最初の志がずれているからなのだ。

真の学者や名君が出てこなくても、物事が順調に進むときは、まあよい。けれども、ひとたび逆境に見舞われたときに、どうしようもなくなる。折しも私は今、逆境の身。だからそういう状況に置かれたときの心構えについてなら、誰よりもはっきり答えることができる。

嘉永六（1853）年にはアメリカの使節がやってきたし、安政元（1854）年にはロシアからも使節がきた。そしてあきれたことに、こんな国家の一大事なのに、政治を司る当事者たちは、日本の国体のありかたを屈してまで外国の無礼な要求を飲んだ。いったいこれはどういうわけなのか。

その理由は、国政を預かる者たちはもちろん、国民のみんなに必勝の覚悟がなかったからだ。問題から目を背け、ただもう思いがけない災難がこれ以上続いてはかなわないと恐れおののいていたからに他ならない。

これはまさしく、ふだんからしかるべき道を歩むことを顧みることなく、成果ばかりを気にする気風の弊害だ。こんな始末では、逆境にどう対処していくかをいっしょに論じることすらできない。

ものの道理や人としての正しい道を究める学問に志す人は、この点をまずしっかりと考えたいものである。

第四場　六月二十七日

梁恵王　上　七章

一定の収入がなくても、つねに道徳心をしっかり持つことができるのは、ひとかどの教養ある人だけである。

この章は内容が単純明白だ。しかも真っ向正面からの議論だから、読み手は難なく言っていることがわかる。しかも心が奮い立つ思いに駆られることだろう。

この章には「人民が安心して暮らせるようにしてこそ、真の王といえる」「仁愛と心のはたらきについて」「しないこととできないことの違い」「身近な人に対してよかれと思ってやることを、広く世の中の人に広げていけばよい」「名君が人民の生産や収入を定めてやる」といった言葉が出てくる。どれも深く味わって、習得しなければならないことばかりだ。しかしここでくどくど説明するには及ぶまい。

ただ、私たちが心身を修養するうえで、これらの言葉はよい反省材料になる。

また、この国の情勢を考える際にも、よい機会だから徹底的に議論しておきたい内容が含まれている。この点については、黙って見過ごすわけにはいかないと私は思うのである。

とくにこの箇所だ。「王が仁愛に満ちた政治を行うなら、いつかは仕官したいと願っている者はこぞって、この宮廷で仕事をしたいと思うだろう。また、農夫はみんな王の領土の田畑を耕したいと思うはずだ。商人は商人で、この王の領内に立つ市に商品を納めたいと思うだろう。そして旅人は王の領土をぜひとも通りたいと願うだろう。また領内の暴政を正したいとする者は、王にそのことを洗いざらい訴え出ることだろう」

これは仁愛のある政治の効用を孟子が説いた部分だ。

さて現在、私たちの国では、君主は賢いし、家老を始め家来たちもよくつとめている。諸藩の政も万事うまく進行している。古代、統治が行き届いていたとされる国と比べても、今の日本以上の国はないと思えるほどだ。それなのに、先ほど述べた仁愛ある政治がもたらす五つの効果が現れてこないのは、どうしてなのだろうか。

理由は明白だ。民に愛を恵むという立派な言葉があったとしても、それを具体化して実行するまでに至っていないのだ。そのため現実には、民は恵みを実感できない。農民、商人、旅人にまで広く徳の風が行き渡っていない。ただそれだけのことなのである。

だから私は、仁愛の政治を実施することが大切だと考えている。人民の生産高やその収入を考慮し、たとえば妻や夫をなくして孤独の身である人にまず恵みを与えること。病人に目をかけ、育児を支援することは言うまでもない。また、それぞれのふるさとにある学校の教えを継承していくこと。こうしたことを念頭に置いた政治こそ、何にもまして急務なのである。

よい機会だからここで、自分が仕える暴君をこらしめたいと願うことについて、考えを述べてみたい。今、藩の要職にある人々を観察してみると、おおむね器が小さく、度量に乏しいようだ。彼らは、せっかくよい人材がいても、同じ藩の者でない限り、招いて意見のひとつも聞いてみようとはしない。ましてや、市中に出かけて民間の知識人と会い、時勢について活発に意見を交わすようなことは一切しない。

藩のために働きたいという人材が訪ねてきたとしても、ひょっとして藩政を引っかき回すのではないかと恐れ、門戸を閉じてしまうのである。

それでいて、どこの藩でも苦労や難題を抱えている。中には藩主が徳をすっかり失ってしまい、よこしまな家来が藩政を牛耳ってしまっているところさえある。この場合、忠義の心ある藩士たちは、夜も寝られないくらい悔しいことだろう。

わたしはこう思う。もし自分の国がゆるぎなく治まっているなら、他国が道を踏み外しているときには率先して動くべきだ。ちょうど湯王が隣国の葛伯《かっぱく》を征伐したように、だ。よこしまな家来が害をおよぼしているとしたら、その悪者を誅伐《ちゅうばつ》し、その国にいる忠臣や義士の心配をやわらげてやる努力をすべきだと考えている。

また、私はいつもこう考えている。もし、今、政務にあたっている役人たちが、広く天下までもよりよくしたいと願う真心を抱き、世の中全体を包み込むほどの気持ちを持っていたとしたら、どうなるだろうか。そして、胸襟《きょうきん》を開き、これはという人材をこの萩の城下に招き集めるとしたらどうなるか。才能や技術に長けた人、学識のある人などあますところなく抜擢《ばってき》したとすれば、五年、いや二年もたたないうちにこの藩の人材は、天下のどこよりもすばらしくなることだろう。

そこで満足することなく、こんどは道に外れることをしている他の藩を諭したり、場合によっては戒めに乗り出したりするのだ。そして忠義を抱く者たちの心労をやわらげてやることができれば、天下の藩はこぞってこの萩藩を見直すことになるだろう。そうして他の藩の心をひとつにして幕府を支え敬うのだ。そして上は天皇家にお仕えし、下は国境の警備を固める。また、内にあっては万民を愛で導き、外においては野蛮な民族を感服させる。それが実現したあかつきには、他に類を見ない一等の偉功を打ち立てることになるだろう。

私たちにはこの堂々とした長門《ながと》、周防《すおう》の二国と、輝かしい祖先の業績がある。そしてすぐれた藩主を頂き、家老が支えている。その下には立派な家臣もいる。それにもかかわらず、今述べたようなことができてはいないと言う者がいるだろう。そうしたら私はこう答えよう。「できないのではなく、やらないだけだ」と。

孟子が言う、「一枚の羽さえ持ち上げられない。車いっぱいに積まれた薪を見ようともしない。年長者が頼んでいるのに草木の枝を折ることさえできない。それはようするに、しようとしないだけなのである」というたとえとぴったりだ。とはいえ、これは重い問題なので、一囚人がとやかく申し立てることではないだろう。

次に、心をどう修養していけばよいか、まずは猛反省すべきことから語ろう。「一定の収入がなくても、つねに道徳心をしっかり持つことができるのは、ひと握りの教養ある人だけである」という孟子の言葉は、もう、これだけで士たる人物とはどうあるべきかを悟るに十分だ。ことわざに、「武士は食わねど高楊枝」というものがあるが、これもまた同じ意味である。もっともこれは、武士としてどうあるべきかを語っているのではない。武士のふだんの姿を言っているにすぎないのである。

武士というものは、たとえ餓えようとも、凍えようとも、普段の心構えがぐらつくようなことがあってはならない。それはあたりまえのことであり、教えというほどのものではないのだ。

この国では中世からというもの、武門、武士と言っては、武道に励むことに専念してきた。この程度のことは三歳児でもわきまえているはずだから、今さら教えにする必要もない。

ただ、私たちも武士の末席に名を連ねていたけれど、士道に合わない振る舞いをしたということで、今こうして囚われの身となり辱めを受けている。ふたたび武士の仲間入りはできない状況なのである。

世の中の真の武士がこの私たちをどう見るだろうか。士道にもとる連中だと切り捨てるのも当然だろう。とはいえ、人は人、私は私である。他人には言わせておけばよい。私が望むのは、ここのみんなと共に志を持ち続けるよう励まし合い、士道とは何かを探求し、何があっても動じない道義の心を磨くまでのこと。

こうして私たちなりの武道についての議論が、武門、武士としての名に恥じないものになるのなら、たとえ牢の中でのたれ死にしようとも、心残りはみじんもない。むしろ、こんな愉快なことはないではないか。以上が、いわゆる心身を修養する上で猛反省をすべき点だ。

今言ったことは、ひとえに私の一身上の事に限ってのことだ。他人の力を当てにすることもなく、よそのお金にものを言わせたりせず、ただ自分一人で思いのままにできることだ。それでもやっぱりそんなことは御免だというのなら、これまた、「できないのではなく、やらないのである」という、さきほどの孟子のたとえに類する者だろう。

さあ、みなさんは、この私の言い分をよいと思うか、まちがっていると考えるか、どっちだろうか。

第五場　七月二日

梁恵王　下　三章

斉の国王が「隣国とうまくつきあう方法はあるか」と孟子にたずねた。

この章は大論争を巻き起こすこと必至の内容だ。しかし、ここでは問題提起だけにとどめておこう。隣国というのは、まさに自国にとっての近隣諸国のことである。しかし孟子が、西域の野蛮な昆夷《こんい》や、北方の獯鬻《くんいく》に中国の王が仕えた例を引用している。だからこの章はてっきり野蛮な国とのつきあい方という思い違いを犯しがちだ。さらには野蛮な国に仕えることが、仁愛や知恵に満ちた心のなすところだという勘違いをしはしまいかと、私は気がかりなのである。だから、まずこのことだけは、詳しく論じてみたい。

基本的に隣国とつきあうには、親睦を保つことが基本だ。力、徳、義、この三つが自国より優れている国には、こちらが仕える立場になってもいっこうに差し支えない。いっぽう、武力を頼みに乱暴を働くような国に対しては、なるべく寛

昆夷・獯鬻　昆夷は西の、獯鬻は北の未開国とされる。

大に接して、武力衝突を避けるべきである。相手が小国の場合は、譲るよう心がけ、他国から侵略されないよう気にかけておくことだ。

考えてみると、野蛮な外敵からあなどられ、人民がひどく苦しむ羽目になるのは、国内に争いごとがあって乱れている場合がほとんどだ。ふだん道徳の大切さをよくわかっていて、実践しようと心がけている者は、この点に注意を払っていただきたいのだ。

私たちの藩の者がこんなことを言い出したとしたら、どうするか。

「安芸の国はもともとわれわれの領地だった。だから機会をうかがって取り返そう。かつては周防、長門、石見、備後、出雲、伯耆、因幡、備中の十国を領有していた毛利家のご先祖の偉大さを思い起こすのだ。そして今こそ、天下に覇権をとどろかそう」

もしもこんな意見が出てきたとしたら、心が痛むばかりだ。そもそも東海、東山、山陽、南海、西海、北陸道の各藩はどこも、天皇の御心をかしこまっていただき、幕府の命令に従うのはあたりまえである。そして、お互いに気持ちを共有し、力を合わせて天皇家や幕府に仕えることが、元々それぞれの藩が果たすべき職務なのだ。

毛利家
大江広元の子季光を祖とし、はじめは相模国毛利荘に住んで姓としたが、のちに安芸を本拠として中国地方に勢力を伸ばした。

かりにひとつの藩の国力と徳義とがすばらしく優れていて、その力が天皇家まで影響を及ぼし、しかも諸藩もまた文句なしにその実力を認めたならば、天下は自然とその藩になびくことだろう。

そのような水準に達していたとすれば、やむを得ない場合に限って、文王や武王の故事にならって勇気を奮い起こし、横暴なよその国を懲らしめても、誰も止めはしないだろう。

しかしこれは好んでやるべきことではない。また、ろくに自分の国を治めもせず他国と争うのは愚の骨頂である。ただ国の外にまで戦線を広げるだけでなく、自国をめちゃめちゃにするだけのつまらないやりかただ。

まして、外敵は四方から、国内の乱れに乗じて攻め込もうと目を光らせているからなおさらだ。

私は、こんな時だからこそ、日本国中の人々が心をひとつにし、野蛮な外国を打ち払い、この国のまわりで騒ぎ立てる波風をしずめたいと、心から願ってやまない。

そう言えば、昔の愛情と知略に富んだ王たちは、強暴な敵と対峙する際、どこまでも持久戦の覚悟で臨んだ。決してその場しのぎの利害に心を動かされたり、一時の発展や衰退に目を奪われたりはしなかった。つねに長い目で問題に取り組んだので、最後には強大な敵すら倒し、大きな功績を打ち立てることができたのである。この姿勢こそ、どれだけ敬い、慕ってもなお足りないほどすばらしい点だ。

これにくらべ、後の世になるにつれ、次第に浅はかな猿知恵ばかりが目につく。ひとたび戦いに敗れたらもう最後、士気を失って、ふたたび立ち上がることすらできなくなった。あわれであり、本当に心配なことである。

第七場　七月十七日

梁恵王　下　八章

斉の宣王は言った。「むかし殷の湯王は、先帝だった夏の桀王を南巣の地に放逐した。また、周の武王は、先帝だった殷の紂王を征伐したと聞くけれど、それは事実なのか」

湯王が桀王を追放して、武王が紂王を討ったという故事は、むかしから優れた人々が議論し尽くした感がある。けれどもあえて私の見解を示してみたい。

ざっくり言って中国の流儀は、天がこの世に人を下したものの、君主や師となる人物がいないと世の中が治まらない仕組みになっている。だから、必ず何億人もの人民の中からぬきんでた人を選んで、その人物に指導者になってもらうのである。

治世を任せてみて、王様がその役職にふさわしくなく、うまく統治ができなくなると、天はまたこの人物を王の地位から引きずり下ろすのである。悪逆の限りを尽くした桀王や紂王がそうだし、無能なために国を傾かせた周の幽王《ゆうおう》や厲王《れいおう》のような人物がその好例といえる。

そういうわけで、天の意向にしたがって王位廃止となった人物を討つのであるから、放伐するという行為については誰も何の疑問も抱かないのである。

しかし私たちのこの国はちがう。天照大神《あまてらすおおみかみ》に続く方々が天地とともに永遠に治めていく。つまりこの大八州の国は天照大神がお開きになったもので、跡継ぎとなる方々がずっと守り治めていくというお国柄なのである。だから日本の人民は、神様のご子孫である天皇と喜びも悲しみも分かち合うわけで、心を他に移したりはしないものなのだ。

それに対し、征夷大将軍《せいいたいしょうぐん》といった地位があるけれど、彼らは天皇から任命された役職を全うする立場であり、その職責に適した人物だけが就任するのである。したがって足利氏のような堕落した幕府になりさがったときは、即、取りつぶしてもかまわないのである。

この点は、中国と似ているかもしれない。しかし湯王や武王のような人物は、義を掲げて逆賊を討ち滅ぼすという命令を天から受けたと称し実行している。私たちの国にはこのようなことはあてはまらない。

天照大神　日本神話中の最高神で、記紀（古事記、日本書紀）神話の女神。太陽神と皇祖神の二つの性格をもつ。伊弉諾尊（いざなきのみこと）の子。伊勢の皇大神宮（伊勢神宮）の内宮に主神としてまつられている。

征夷大将軍　もともとは奈良時代末に東北地方の蝦夷を攻めるためにおくられた軍隊の総司令官。鎌倉時代以降は、武士による政権のトップの称号になり、朝廷から征夷大将軍に任命された。一般的には「将軍」と省略して用いる。

足利氏　下野国足利（現　栃木県足利市）を名字の地とする武士で、藤原秀郷流と源氏との二つの流れがある。

なぜなら、光輝く天皇家、すなわち天照大神の血を引く方が天下に君臨していらっしゃるのに、この天皇の命を奉じることなく、勝手に幕府の体たらくを糾弾しようとすれば、「燕《えん》と同じく無道な斉の国が、燕を討った」という故事そのままになってしまうからだ。

さらに、「春秋時代に、正義の戦いはひとつもなかった」と言われるが、まさにそれが当てはまることにもなる。(天子の命令がないまま、お互いに軍隊を決起させたとしたら、どれほど正義を旗印にしようとも、それは正義の戦いとは言えない)。だから、この章を読んだみなさんは、十分にこのことをわきまえて行動していただきたい。さもないと、心がねじけた卑劣な輩の悪だくみに、そっくり心をもっていかれかねないのである。

燕　中国、周代の諸侯国のひとつ。また戦国七雄のひとつ。

第七場　七月十七日

梁恵王　下　十章

戦いに勝つのはたやすいが、占領した国をいつまでも維持していくのはむずかしい。古語にはそう記されている。燕の国を征服するのが難しいのではなく、その後のこと。つまり、以前とはぜんぜん違う善政を行って、燕の国を維持していくことこそむずかしいのだと言っているわけである。

人民の心をつかみ、そのうえで政治を行っていくことができる者だけが、国をしっかりと守り、体制を維持していけるのだ。もしそうでなく単に運任せだったら、けっきょくは運が尽きるときに体制も崩れてしまうだろう。

だから偉業を成し遂げようと思ったら、成功するかどうかは、征伐に決起したときからはじまるのではなく、ふだんの太平でなにげない日の姿勢にかかっている。

平和な時に、民心をしっかりとつかんで政を行っているなら、その他のことはもう何も言うには及ぶまい。

世の中の軽薄な連中がこの根本のところに気づくことなく、いたずらに遠大な計画をたてることばかりに夢中になっているのを私はとても恐れている。

第七場　七月十七日

梁恵王　下　十一章

斉の国は、燕の国の内乱に乗じて攻め込み、これを征服した。すると、周辺諸国は燕を助けようと、斉に圧力をかけてきた。斉の宣王はどうしたものか、孟子にたずねた。

「千里四方もの広大な領地を治めていながら、外敵が侵入してきそうだとびくびくする者など、聞いたことがありません。かつて殷の湯王などは、たった七十四方里の小国の王でありながら、民は王を慕い、味方し、ついにはその政治を天下にとどろかすことになったではありませんか」と孟子は答えた。この言葉は、胸を突き刺すほど強烈だ。

私たちの国は、東は蝦夷《えぞ》の地に始まり、西は琉球《りゅうきゅう》にまで達している。けっして小さな国ではない。ロシアやアメリカはなるほど大国だ。けれども、恐れることはないのだ。まして、イギリス、フランスといった比較的小さな国については、なおさらだ。恐れるべきことがあるとすれば、国の大小ではなく、政治を行う人物の心がけの問題である。

つまり国内では政治教育をきちんとおさめ、国外では天下の万民を救うために義軍を派遣して横暴な国を平定したあの殷の湯王のようにふるまうのだ。そうすれば諸外国のいったいどこの国が、私たちの国に逆らおうというのか。

ところが、今の私たちの国の態度は、どうだろうか。外国の言いなりにならなければいけない日がやってくるのではないかと、おどおどするばかりである。

孟子がこのありさまを見たら、何と言うだろうか。この国の指導者たちよ！『孟子』をここまで読み進めて、ほんとうに恥ずかしい思いがするではないか。

第八場　七月十九日

梁恵王　下　十二章

雛の国と魯の国が戦い、雛が破れた。

『孟子』の中に「鬨《こう》」という言葉があり、これを「戦いの声」と定義している。これはおそらく、雛《すう》と魯《ろ》の両軍が対峙したものの、まだ刃を接して白兵戦になる前の状態だと思う。

均衡を破ったのは魯軍の「鬨」だ。これを聞いた雛の軍勢は一目散に逃げ出した。ようやく陣地に踏みとどまっていた三十人の将官たちは、魯軍に撃ち殺されてしまった。

彼らは善戦した末に討ち死にしたのだろうか。いや、そうではあるまい。いわば取り残されるかたちとなり、敵に不意を突かれて殺されたのである。

軍略に詳しい人なら「これは兵隊の訓練が十分でなく、規律が行き届いていなかったために、こんな事態をまねいてしまったのだ」と評するだろう。

だが、これは問題の根本を知らない、あやまった批評である。

「もし、あなたがこれまでのやりかたを改めて、仁愛に満ちた政治を行うなら、人民はすぐにでも指導者に親しみを持ち、王のためなら命を投げだしても惜しくないと思うでしょう」

このように孟子は雛の穆公《ぼくこう》に語っている。この考え方こそまさに根本となすべきことなのである。

もしも人民が上の者に心から親しむなら、肘がその末端の指を使うように、軍令は自由自在に兵士たちに行き届くだろう。上の者のために死ぬことすら何とも思わなくなるから、たとえ火の中、水の中でもひるむことなく向かっていくのである。

こうなれば自軍の兵士たちは、もはやひと塊の大きな石のようなもの。この団結力で敵にあたれば、もう、連戦連勝まちがいなしだ。訓練とか、規律とか、そういうものは論ずるまでもなく、自然と醸成されるものだ。いわば、団結力の中に含まれているものなのだ。

そういうわけで、孟子が言ったこの言葉は、でまかせではない。さらに考えを進めると、むかしから名将が勝ち続けるのは、たいてい指揮官がまっ先に敵陣に

穆公 中国、春秋時代の秦の君主。

突っ込んでいくからである。付き従う兵士たちは、大将を死なせてなるものかと、これまた我勝ちに突っ込んでいく。その際に全員が一斉に発する鬨の声はすさまじい迫力を帯び、敵はたじろいで敗走するというわけなのである。

だから、上の者に親しみ、長たる人のために死ぬ兵士でなければ用いてはならないのである。後の世の人がこの根本にある真実に気づかないで、やれ武器だ、軍令だ、といった些末なことを重視して勝因と結びつけようとする。私にはとんと理解できないことだ。

第八場　七月十九日

梁恵王　下　十三章

滕の文公が問うた。「わが国は小国だ。しかも強大な斉と楚の両国に挟まっている。いったいどちらに付いたら国が立ちゆくのだろうか」

この章で取り上げられている事柄はじゅうぶんに検討してみたい。大変な難事にどう対処するかということだからである。小国の滕は、楚に仕えれば斉が怒るし、斉になびけば楚が敵と見なす。どっちを選んでもうまくいかない。困り果てた文公は、孟子に意見を求めたのである。

これに対し「この問題の方策は、とうてい私の考えの及ぶところではありません」と孟子は応じた。だがこれは、けっして言い逃れしているのではない。何より文公自身の決心が定まらない限り、他人の知恵を借りて打開できるような問題ではないからだ。

それでも、文公はわらをもすがる気持ちであり、切実で切羽詰まっている。そ

文公　中国、春秋時代の晋の国王。

楚　春秋戦国時代の国、戦国七雄のひとつ。

の心中がわかった以上、孟子としてもひとつの方策を示すべきだと感じた。その策とは、こうだ。

「領内に池を掘り、そして城を築くのです」。つまり、呆然と手をこまねいていないで、できる限り防御の準備を行う。そうすることで、敵が不意打ちをしかけてくる隙をなくすのだ。

さらに大事なことは、「民と共に国を守ること」だと続ける。身分が上の者から下の者まで一致団結して、君主に親愛を寄せ、高く築いた城、そして深く刻んだ堀に囲まれた都城を守る決意こそ欠かせないと説いている。

そして「たとえ死を免れないとしても、民が去らなければよし」と続けている。これは、万一戦に敗れて落城したなら、君主も民も枕を並べて討ち死にする覚悟を決めよということだ。

ここまでみなが決心すれば、「なすべきただひとつの方法」という孟子の言う方策が効いてくるわけである。そうすれば斉に仕えてもよし、楚に仕えてもよし、またどちらに仕えなくてもかまわないのである。

民心と共に自ら国を守り、結果、果てる覚悟さえできるなら、他国に仕えようと、仕えまいと、そうしたはかりごとの最終決意はまさに自分の手のひらにあるのだ。

兵法家たちも、同じ意味を書物にこう記している。

「籠城した総大将が自らの覚悟を説いて皆も従った以上、負けたときは全員、討ち死にと心得なさい」

また、文公が苦悩し「到底、自分には対策が思い浮かばない」という言葉に関連して、触れなければならないことがある。

嘉永六（１８５３）年、アメリカから使者を乗せた船がやってきて、国書を幕府に差し出した。幕府はそれを諸藩に示し、和を結ぶか、戦うかについて意見を求めた。そのとき、剣客として名高い斎藤弥九郎はこう言った。

「幕府はもう和議を結ぶと決めているに違いない。和するか戦うかという決断は、将軍の心の内次第だ。もし幕府が本気でアメリカと一戦交えようとするなら、かならず大号令が下るはずだ。『アメリカがいかに欠礼外交をしているか。天下の将軍として家臣一同を率いて、その罪を問いただして討つつもりである。忠心ある者たちよ、今こそ集まって力を合わせよう』。そう檄を飛ばすにちがいない。和するか、戦うかはこうしてまたたく間に決まってしまう。悠長に藩の意見をきいて小田原評定するなど必要ないのである。ところが幕府ときたら、独断で

斎藤弥九郎　江戸時代末期〜明治の神道無念流の剣客。門弟に高杉晋作、木戸孝允らがいた。

小田原評定　豊臣秀吉の小田原征伐のとき、北条方の和戦の評定が容易に決定しなかったところから転じて、長引いて容易に結論の出ない会議や相談ごとを指す。

和議の方針を決めておきながら、あとあと非難されてはかなわないからと、この野蛮な外国からの書を見せ、形だけでも諸藩の動向を加味しようとしているだけなのだ」

安政元（１８５４）年、アメリカの艦船はまたしてもやってきた。そして、まんまと和議は成立した。このとき私は、斎藤の鋭い考察に感服してしまったのである。

故事にも、「自らの志がまず定まれば、はかりごとの結果はただひとつ。鬼神が降臨し、これを助け、運は開かれる」と言うではないか。志が定まるか、定まらないか。これはもう自分自身の決断ひとつにかかっている。他の意見に決断をゆだねるのは、おかしいのだ。

「私じゃ対策の立てようがありません」と答えた孟子の真意とは、このような決意の問題を示唆しているのだろう。

第十場　七月二十六日

公孫丑　上　二章

孟施舎の勇猛さはずば抜けていた。

この章は浩然の気と言われるように、この天地の間に満ちている元気についての話だ。堂々とした雄大な議論が展開されているくだりである。

昔、北宮黝《ゆう》という猛者がいた。彼は「刀を突きつけられてものけぞらない。目の前に剣が迫っても眼球はピクリとも動かない。どんな諸侯だろうと恐れはしない」とうたわれるほどのつわものだった。

一方、孟施舎《もうししゃ》という男も、「勝つ見込みはなくても、まったく恐れないで敵にぶつかる」。そういう猛者だった。

だが、このふたりは理性的な判断に欠けており、ほんとうの勇気とは言えない。ただ、孟施舎に限っては、武士が戦場に向かうときには、せめてそのようなな

浩然の気
　限りなく大きく、限りなく強いもので、伸び伸び育ててやれば、天地の間いっぱいに広がるの意。

気概は持ちたいと思わせる男である。そこで、孟施舎のこの勇気についてざっと述べてみたい。

「恐れるところがない」というのは、実はとても大切な要素だ。これは「勇気、敵を呑む」という言葉のとおり、ひと目で見渡せないほどの百万の敵の大軍と相対しても、びくともしないことである。死ぬ覚悟ができれば勇気がわくというから、討ち死にも辞さないと腹をくくれば、大敵だろうが、猛勢だろうが恐れるには足りない。

しかし、これだけでは十分とは言えない。この勇気を常日頃養っておき、ゆるぎないものにしておく必要があるのだ。そうしないと、死する覚悟が定まったとしても、そこから発せられる気迫が敵を飲み込むところまではいかないからだ。このように勇気を養うところまで考えを突き詰めていかないと、孟施舎の勇気とは何かをほんとうにわかったとは言えないのである。

たった一人でも孟施舎のような男が軍隊にいれば、全軍の士気は彼によって大いに鼓舞される。劣勢だった軍勢すらも、一転、勝利に邁進することとなる。また、彼のような人物が国中に一人でもいれば、国全体の意気がさかんになり、弱国すらも強国へと変わるのである。だから孟施舎を大抜擢して、指揮官にしたらどうなるだろうか。強力な大将のもとでは、弱兵などいるわけがなくなる。ここにこそ、目をつけたい。

「このうえなく大きく、たとえようもなく強いもの。そして道義を積み養い、文句の付けようがないもの。より広く行き渡り、ついには天地の間をいっぱいに満たすもの」。それが、孟子が言う浩然の気というものなのだ。ぜひ、このくだりは詳しく読んでほしいと思う。

「このうえなく大きい」ということは、浩然の気のあるべき姿である。

「仁愛の心を押し広げていけば、天下の隅々まで安らかにすることができる」と言っているのも、要はこの気が作用した結果なのである。なんとも雄大さを感じずにはいられない。

この気を育んでいかないとどうなるか。つまりは、義から遠ざかり、まっとうな道からはずれるなら、たった一人の相手に対してすら、この気は及ばないのである。まして、相手が十人あまり、さらには一千万人となると、当然、気の力は及びもしない。

この浩然の気の性質についてさらに考えてみよう。育み続けることでこの気は限りなく大きくなっていく性質を持っている。反対に目をかけなければ、どんどんしぼんでいき、最後は腐ってしまう。

そもそも浩然とは、ゆったりと大きい様を表す言葉だ。『孟子』を読むと別の箇所にこんな話が出てくる。

「いくら金や地位で釣ろうとも、浩然の気を乱すことはできない。貧しく賤しい立場に身をやつしても、浩然の気があれば節操は堅く、ガンとして動かない。もちろん、脅しや武力をちらつかせても屈することはない」

このような泰然とした者こそ、この気が満ちている人物の証なのである。そしてこの気がぐっと凝縮されて強固になっていったあかつきには、たとえ火を浴びようと焼けることはなく、水が押し寄せようと踏みとどまる。こうして忠臣として、また義士としての節操を培っていくわけなのだ。

彼らは首をはねられても、胴を断ち切られても節操を変えることは決してない。高い官職や、たっぷりの禄高をちらつかせてもいっこうに動じない。また、美女を使って色仕掛けでせまってもぐらつくことはない。ともかく、その堅さといったらない。鉄ですら燃えさかる炎の中では溶けるし、玉石もノミで砕くことができる。だが、この気に限っては、どんなものも寄せ付けないのだ。

この世のどこにでも効力を発揮するし、時代を超えて、形あるものの外にただひとつ存在するもの。それが浩然の気であり、至剛、つまりこのうえなく剛健な存在と言えるだろう。

繰り返しになるけれど、「至大至剛」という言葉は、気が本来あるべき姿のことだ。また「道義を積み養い、文句の付けようがないもの」という言葉は、「志がひとつの方向を目指していれば、気もそれに連動して動く」ということを示している。だから、これが浩然の気を育んでいく道となるのである。

「志がひとつの方向を目指す」とは、聖賢の道を学ぼうとする志を持つことだ。そして、ほんのわずかの間でも、その志をいいかげんに扱わないことだ。ところで、学問を志すうえで、もっともやってはいけないことがある。それは、途中で投げ出さないことだ。これでは到底学問は大成しないから、ほんのひと時もこの志をないがしろにしないこと。これを「志を持する」と言う。

私は嘉永四（1851）年、初めて佐久間象山先生にお目にかかった。先生は、漢学と蘭学とをそれぞれ毎日半分ずつ学ぶようおっしゃった。学んでは怠け、学んでは怠けといった状態を続けることだけは慎むよう念を押された。

言うまでもないことだったが、この忠告は私の耳から頭の奥深くに染み込んだ。未だに、象山先生といえばこの言葉を思い出さずにいられないから、ここに

佐久間象山 1811〜1864年
幕末の思想家、兵学者。信州松代藩士。

記してみたまでである。

孟子のいう「直《ちょく》をもって養う」というのも、象山先生とおなじ留意点に思いを巡らせたものだ。常日頃、まっとうな道からそれることなく、すべてきちんと行動することができて初めて気を育てていけるのだ。

「その気を損なうなかれ」とも言っているが、これは「害するなかれ」と同じ意味だ。

ところで、害する、あるいは、損なうという言葉には二通りの意味がある。ひとつは、私利私欲に走ってしまい、いつのまにか義を貫いたり、まっとうな道を歩んだりして志を抱くことすら忘れてしまう状態だ。自分を省みるなら、これは心恥ずかしいと思うはずで、そうするととても気を損ない、害することになるのだ。これは、この文章に出てくる「苗の間の雑草を抜かないで放っておく」というたとえに表現されている。浩然の気などもうどうでもよいという状況が目に浮かびそうだ。

もうひとつは、これまで何度か触れたように、この浩然の気が至大至剛、つまり、この上なく大きく強い様子になることは、道義に則った行動を通じて自然と醸し出されることを意味する。それなのに、道義に合うとか、反するということを吟味せずに、ただもうしゃにむに大と剛とをせっかちに追求しようとする。血気に任せてがむしゃらに進めば、ひょっとして瞬間的には剛になったり、大になったりすることも、まあなくはないだろう。しかし結局は、そうしたやり方は間違っていて、効果もないことに気付かされ、恥じ入ることになるわけである。

あの武田信玄は、実の父を追放した不幸者と罵倒されたことで有名だ。朱子学者の安積艮斎《あさかごんさい》は、こんなふうに信玄を評している。

「親不孝を犯したため、彼は良心の呵責に堪えかねて、生涯、論語を手にしなかった」

信玄の生き方は、がむしゃらに剛と大を追い求めた好例と言え、「苗が伸びないのにしびれを切らして、一本一本芯を引き抜いては伸ばした」という『孟子』の言葉そのものだった。これはもう、本来の浩然の気を著しく損ない、害したといってもよいだろう。

「天下の隅々にいたるまでを満たした」という言葉は、浩然の気の効果がどんなにすばらしいかについて述べたものだ。ここでいう気とは、もともと天地の間に充満しているものだ。道徳に則った振る舞いをするならば、この気をどんな人でも自分の中に取り込むことができるのである。

武田信玄　1521〜1573年　戦国時代の武将。甲斐・信濃を中心に勢力圏を築いた。

安積艮斎　江戸後期の儒学者、朱子学者。陸奥二本松藩の藩校や昌平坂学問所の教授を務めた。

すなわち、自分の利益だけ優先させようという考え方を取り去るとき、天地と融合でき、至大の気に身を任せることができるのである。

今、私たちの振る舞いが、ひとつの発言、ひとつの行為にいたるまで、以下の『中庸』に述べられているようになったとしたら、どうだろうか。

「徳を身につけ、それに基づいて人民に恩恵を与える。あの禹、湯、文武の三人の偉大な王たちが定めたことに照らし合わせて間違いがないか。さらには世の中に用いても天地の道に背かないか。また、百世代のちに聖人が現れてもその振る舞いを批判されず、正しいと確信してもらえるか。こういう基準で動けばきっと天下に道を示すことができるだろうし、行動すればそれが天下の法となり、発言すれば天下の手本となる」

これから先、ここまで徳義が磨かれていくなら、まさしく浩然の気は天地に、そして時代を超えて満ちていくと確信してよいだろう。

古来、この気は聖賢と呼ばれる人々に自然と伝わってきたものだ。ようやく孟子にたどり着いて初めて、このことが明らかにされたわけである。むろん、学ぶ者にとって、これこそもっとも切実な問題だ。だから、とくに詳しく述べてみた。

『中庸』 中国、儒教の経書「四書」のひとつ。

第十一場　七月二十九日

公孫丑　上　三章

力づくで事を運んでおきながら、表向きはいかにも仁愛を施しているよう見せかける。それを覇者という。

この章は、王者と覇者の違いを明確に語っており、味わい深い箇所である。王というのは天子を指し、覇というのは諸侯を指す。世の中の人は単純にそう思い込んでいる。しかし、孟子はそう見ていない。たかだか七十里四方というわずかな領土から登場した湯王がいれば、同じく百里四方の狭い領土から立ち上がった文王もいる。彼らは徳をもって民心をとらえたという点で、立派な王だと言える。

大国を領有していることが王の条件ではない。徳義を持っているかどうかが問題なのである。したがって、身分が低い民であっても、その中には王もいれば、覇もいるということだ。

だとすれば、有り余る財力を持つ豪商が恩を売って、名声を広めるために貧民に施しをするという行為は、覇道の人の振る舞いとなる。

一方、貧困の身ではあるけれど、わずかの飲み物や食べ物を親類や友人たちと分かち合う。あるいは、こつこつとつとめる中から貯めたわずかの蓄えを、貧乏な人に恵んでやることは、王道の人のふるまいにふさわしい。

今、天子や諸侯を見渡し、見せかけだけでも恩恵を施す覇者を探しても、わずかしか見当たらない。まして王者など一人もいはしない。つくづく徳や義が衰え果てたものである。

士、そして農工商の庶民にいたってもほぼ同じだ。見せかけの徳義すら、お目にかかることは少ない。むろん、王者の振る舞いなど皆無である。道徳もすたれてしまったものである。

ああ、なんということ。私は嘆くしかないのである。

第十一場　七月二十九日

公孫丑　上　四章

仁愛に満ちた政治を行えば国は栄える。けれども仁愛を欠いた政治を行えば、他国から辱められる状況に陥る。

この章には「この期に及んで」という表現が二回も出てくる。のちに朱子は「ただもう日数も足らない思いで」と、両方に味のある注を補っている。

近年、東のアメリカ、西のヨーロッパ、どちらも足早に私たちの国へ迫ってきた。これに対して幕府の政治を司る者たちは、みな身をかがめて、これら野蛮な外国の言いなりになっている。

地図を開いて、現在の情勢を検証してみよう。まず蝦夷のクシュンコタンはすでにロシア人が城塁を築いている。松前の函館、伊豆の下田はとっくにアメリカとの貿易港となっている。肥前の長崎には、イギリスやフランスの船が引きも切

クシュンコタン　久春古丹、南樺太の南部にある港で、後の大泊。現コルサコフ。

らず来港している。そのほか、武蔵の神奈川、志摩の鳥羽、摂津の難波などは、外国人の波もひと段落したものの、彼らの臭気はまだ漂っている。

以上を見渡すと、私たちの国のうち、彼らによって汚されていない土地は、あとわずかしか残っていない。事態はここまで切羽詰まっているのである。私たちがのほほんとしていられるのも、あとどのくらいあるかどうか。

しかしながら、これはひょっとして私たちの国を蝕んでいた不治の病を治す特効薬になるかもしれない。ただし、この機会を逃さず、残っている日にちは限られていると自覚して、それこそ日に夜を継いで全力で事態に立ち向かうことができればの話だ。

具体的には、政治を司る者が正しい政に志すこと。役人は文武の両方を鍛錬すること。農工商の庶民はおのおの役目をしっかりつとめること。そして、海外からの出入り口を厳重に防御し、野蛮な外国から侮られないよう、努力をすべきだろう。

それなのに、これまでのところ、そうした努力はいっこうに見受けられない。むしろこんな状況をこれ幸いに、残っている日にちは限られていることを逆手にとって、今しかないとばかり楽しみ惚け、怠けに怠けている。本当に苦々しい思いでいっぱいだ。

孟子の時代も今も、嘆くところは似たり寄ったりだ。なぜか私は、彼のこんな言葉が頭に浮かぶ。


「禍も、幸せ（福）も、すべては自分の心が招いているのだ」


味わい深い言葉だと思う。禍と福、どちらも示偏の漢字だが、これは天地鬼神、つまり神仏や天の摂理、それと超人的な力を持つ存在と関係がある言葉だ。だから、禍福という言葉は、一般には、天罰が下るとか、神罰を被るとかいう。また、神の恵みを受けるとか、天の幸いを受けるともいい、そのようなたぐいの言葉なのである。

昔も今も人間が愚かであることに変わりはない。とかく私たちは、天や神が禍福を降り注ぐようにとらえがちだ。だが、孟子はこの点をとりわけ戒めている。つまり、禍福は天から降ってわくものでもなければ、神から遣わされるものでもない、自分が求め、招くものなのだというのである。

この道理を理解して初めて、まっとうな道を目指すのがよい。それがわからないままだと、都合のよいときだけ天地鬼神にこびへつらい、自分自身の修行は怠ったままになるだろう。だからあえて、幸福への道を辞退し、禍の多い道を求めなさいと言うのである。

こんなふうに、取るに足りない人間どものやることはみな同じだ。ただ、あわれむべきだけの存在なのだ。

第十三場　八月六日

公孫丑　下　八章

燕王の子噲は、天子の命令がないのに勝手に自国を人に与えることはできない。宰相の子之も、天子の命令がないのに、燕の国を子噲から譲り受けることはできない。

朱子が記した注には「諸侯の土地や人民は天子から受けたものだ。これは先君まで受け継いできたものである、だから、勝手に人に与えたりすれば、与えた者ももらった者も同罪となる」とある。これはきわめてまっとうな説明だ。上は天子から、下は士族、庶民に至るまで、土地、人民、田畑、建物はすべて、個人の私有物ではなく、必ず授かったという部分があるはずだ。

それを、たとえわずかなものでも勝手に人に与えるようなことをしたら、本当の所有者である天地君父の怒りを招くことになる。だから、天子から庶民まで先祖から譲り受けた資産を守り、これを子孫に伝えること。この委託する義務を果たすことこそ、忠孝という二つの道をまっとうする手立てなのである。それにもかかわらず今、下田、函館をまるまるアメリカに与え、さらにクシュンコタンをもロシアに与えようとしている。幕府のこうした態度は、私には理解できない。

ああ、これらの土地はいったい天子から賜ったものなのか。それとも幕府の私有地なのだろうか。

第十三場　八月六日

公孫丑　下　九章

周公は弟で、管叔は兄だ。周公が誤ったのは無理もない。

周公旦《しゅうこうたん》は、兄の管叔《かんしゅく》が殷の国の残党を率いて謀反を起こしたことに気づかなかった。これはきょうだいの真心を信じて疑わなかったからであり、やむを得ない過ちと言える。

ざっくり言って、知を好む者は人を疑ってかかる傾向があるし、仁愛に重きを置く者は人を安易に信じがちだ。どちらも偏っていると言えるだろう。

しかし、知者と仁者、このどちらが勝るかと言えば、人を信じることを大切にする仁者のほうだろう。ここはよく考える必要があるかもしれない。

昔からこんにちまでを眺めると、人を信じることにかけては、秦の符堅《ふけん》の右に出る人物はいないだろう。彼は慕容垂《ぼようすい》を信じて疑わなかったため、とうとう淝水《ひすい》

周公旦　中国、周初の摂政。周の文王の第四子、武王の弟。

管叔　中国、周の文王の第三子。武王の弟。周公旦の兄。

慕容垂　中国、後燕の創建者。前燕王慕容皝の第五子。

淝水の戦い　383年に中国統一をかけた東晋遠征において前秦が敗れた戦い。南北両朝の対立を決定づけた。

の戦いで大敗を喫してしまった。それからというもの国の威信は落ち、後の世まで人々から笑われるようになってしまった。符堅があまりにも慕容垂を重用したのがそもそものまちがいというのが、知識人たちの一致した評価だ。

しかし私は一人、こう思う。符堅が独り立ちして秦の王になれたのは、王猛《おうもう》という人物を心の底から信じ、彼の支援を得ることができたからである。王猛を信じた心こそ、そのまま慕容垂を信じる心であり、信じる心が二種類あったわけではない。慕容垂を信じなかったら、淝水の負け戦はなかったかもしれない。だが、それは同時に王猛を信じて国を興すということもできなかったことになりはしまいか。そう考えるなら、彼の得失点は帳尻がぴったり合っているのである。

ということは、人を信じることのほうが、はるかに人を疑うことに勝っていることになる。だから私は、人を信じすぎる欠点があったとしても、人を疑い過ぎる欠点だけはないようにしたいと思うのだ。

まして、血を分けた近親者を疑うことなど、あってはならない。たとえば源頼朝は、いったんは弟の範頼と義経を信じて兵を任せたからこそ平家を滅ぼしたし、木曽義仲を討つことができた。だが、やがて頼朝は弟を疑い始め、殺してしまった。するとどうだ、その天下はついに北条に乗っ取られてしまうことになっ

王猛　中国、前秦の政治家。

源頼朝　１１４７〜１１９９年　鎌倉幕府初代将軍、武家政治の創始者。

源範頼　生没年不詳　平安末期・鎌倉初期の武将。源義朝の六男。

源義経　１１５９〜１１８９年　平安末期・鎌倉初期の武将。源義朝の九男で、幼名は牛若丸。

木曽義仲　１１５４〜１１８４年　平安時代後期の武将。源義賢の次男。信濃の木曾で乳母の夫中原兼遠に育てられた。

た。これはまさに時代を貫く鏡のような例であり、よくよく省みる必要があるだろう。

第十三場　八月六日

公孫丑　下　十章

都の真ん中に孟子の住まいを建て、俸禄を与えて弟子を養う費用としたい。そして役人たちを始め、広く庶民も孟子を敬い、手本にしてもらおう。

これは斉王が、孟子を引き戻すために提示した表面的な優遇策だ。それに先だって、孟子は意見が聞き入れられないので王のもとを去ろうとしていたのだった。だが、この条件が孟子を受け入れる本当のやり方でないことは明らかである。

というのも、まさにこのとき、斉の国は有事に対処する何らかの方策が期待されていた。孟子こそその期待に応えられる人物だったのだ。それなのに、これほどの人材を見捨ててしまおうとしたのだから、賢明な政治などできるわけがない。

この状況を、日本の情勢に当てはめてみたい。今、国の中央に養賢堂《ようけんどう》、つまり四書五経を学ぶ学校をさかんに開設するとしよう。といっても、今ある大学のほかに、さらに養賢堂を設立すべきだと言っているのではない。くれぐれも字面だけを見て私の真意を読み誤らないでいただきたいのだが。

私が伝えたいことは、今、天下の優れた人材を雇い入れ、彼らを師として敬い、高い禄高で召し抱える。そして役人や庶民の中から立派な心がけを持った人々を募集し、この師たちの教えを受講させたなら、人材がどんどん興ってくるのは時間の問題だということだ。

これはまさに私が願っているところだ。しかし、ひとつ難点がある。それは人情の常で、人というものは、命令されれば従いたくはない。自分が好むところには、従おうとする点である。

だからいくら天下に名をとどろかすような一流の講師陣を招くことができたとしても、主君をはじめその家来たちがこぞってこの師を心から尊敬し、その人の言葉を信じるのでなければ、誰一人として講師陣を手本にしようとはしないはずだ。

それは、あの、斉王が孟子の言葉を用いて仁愛ある政治を行わなかったせい

養賢堂
賢者を養う建物という意を込めた学校を指す。同名を用いた仙台藩の藩校もあるが、ここでは広く学校全般を指している。

四書五経
中国における、重要古典の名数的呼称。儒教の経典である四つの書物『大学』『中庸』『論語』『孟子』、中国五経である『易経』『諸経』『詩経』『礼記』『春秋』の五つを指す。

で、孟子は愛想を尽かして国を去ってしまったことと同じだ。斉王はこのことで外聞を保ちたいばかりに、こんどは実際のところなんの役にも立たない「孟子引き止め工作」を編み出したということと本質は変わらない。

それなら、どうすればよいのだろうか。近代に目を向けるなら、あの米沢藩の上杉鷹山公が細井平洲を師として招いて尊敬したことが手がかりとなるだろう。そして鷹山公は師の教えを礎として藩政改革を行った。これが答えに最も近くはあるまいか。

上杉鷹山

1751〜1822年
江戸中〜後期の大名。米沢藩主。名は勝興・治憲で鷹山は号。藩政の改革に努め、質素倹約を率先励行した。財政改革、殖産興業、新田開発を行い、米沢藩の藩政を立て直した。また藩校興譲館を設立して、人材育成にも力を注いだ

細井平洲

1728〜1801年
江戸中・後期の儒者で尾張の農家の生まれ。上杉鷹山の依頼で藩校興譲館を興し、のち尾張藩の明倫堂督学を務め民衆教化に当たった。

第十四場　上　八月九日

公孫丑　下　十二章

私はまだ斉王を見捨ててしまおうとは思っていないのに。

この章では、仁愛の心とは何なのかを、しっかり読み取るべきだろう。『史記』に記されているように、燕の楽毅《がくき》は「昔の君主は、たとえ交わりが絶えても、旧友の悪口を言わなかったものだ。また忠臣は主君とそりが合わずに国を去っても、自分が潔白だと言い訳しない」というくだりがある。同じ意味のことが、この章には書いてある。

孟子はふだん、斉王を諫めたり、教えたりする際は、それはもう懇切丁寧なものだったという。それなのに、王はそれを聞いても、いっこうに意見を取り入れはしなかった。それで、とうとう孟子は斉国を去って、帰国してしまったのである。

『史記』　中国、前漢の時代に司馬遷が書いた中国の歴史書で、中国最初の正史。

楽毅　中国、戦国時代の燕の名将。賢にして戦いを好んだとされる。

ふつうの人が孟子の立場だったとしたら、必ず怒ったり、ののしったりして、斉王にどんなに非があるかをあげつらい、自分が正しいことを言いふらすだろう。

それなのに、斉を去る際の状況を記した箇所は『孟子』の中に前後五章あるけれども、どの章にも、王をそしるような言葉も怒りの気配もない。

むしろ和気ともいえる親しげな雰囲気が漂い、名残惜しさすら読み取れるのである。しかも言葉でそうしるしているだけではない。孟子は帰途に際して、昼《ちゅう》という村に三日もぐずぐずと逗留している。たとえ「一度去ると決心をした以上、潔くさっさと去ってしまうべきだ」と批判されようと一向に気にしていない。孟子は、斉王が改心するのを滞留してまで、待ち望んでいたのである。

そんな孟子の心の内をわからない連中にしてみれば、本当に国を去るつもりがあったのかと疑問を差し挟んだことだろう。そして、孟子はなんと潔くない男だと批判されてもしかたがない行動だった。

さて、主君との関係についてはしばらく脇に置き、ここでは友との交わりについて議論を進めてみたい。友だちづきあいというものは、善の道に則ってお互いに忠告しあうような関係が望ましい。友人の中に不幸にも常道を逸した行動や我がまま勝手な振る舞いをする者がいたら、繰り返して教えさとすべきだろう。

やむを得ない場合には、絶交することさえ辞さない。そのような関係になるまでには、周りから見れば、なんとも優柔不断に思われるかもしれない。しかし、破局を迎えることになりはしまいかと、焦らないことだ。ちょうど孟子が昼の村に三日も泊まり、辛抱強く斉王が心を改めるのを待っていたのと同じような気構えを持つべきだろう。そして、結果的に友だち付き合いがだめになったからといって、友だちを非難する必要などない。

今の世の中、友だち同士の間柄とはいっても、善の道をよりどころとして忠告し合う人たちは少ない。まして、友だちの過ちや悪事を戒めようとする人は、とても少ない。そのうえ、もしも私事にからんだいざこざのため、怒って交際を破棄したような場合はさらに深刻だ。

孟子はこんなふうに述べている。

「君主を諫めても意見が通らないと、すぐに怒りの感情をあらわにする。そして足早にその場を立ち去って、日の光のあるうちにできるだけ遠くまで行き、相手が追って来られないようにする。日も暮れたところで、やっとそこで投宿する、なんと薄情者か」

こういう連中は人として当たり前の付き合いをしないばかりか、ひどい場合は相手を敵とみなすことすらある。こんな情けない行動は、救いようがない。少しは孟子のやり方を見習い、まじめで、もっと温かみのある道に向かわせたいものである。

そのように見てくると、孟子が示した和気や厚い情けと、今の人々の薄情さとはとても対照的だ。いったいこの違いはどこから来るものなのだろうか。

それは、ものごとを愛する心と、自分自身を大きく見せようとする心との違いから発している。そうであるなら、いやしくも教養を身につけた人なら、ものごとを愛する心を自分が持つべき資質として尊ぶこと。そして気取りや売名行為につながる考えをきっぱり断ち切るべきだろう。

第十八場　八月二十六日

滕文公　下　九章

よこしまな心が兆せば、いずれ仕事のうえで害になる。仕事に害が出てくれば、そのうち政治にも害が及んでくる。私が考えるこの説は、この世に再び聖人が登場したとしても、一語一句変えることなく正しいと認めてくれると思う。

この言葉は、浩然の気について述べた「公孫丑上第二章」にも登場していた。聖人がまたこの世に現れても、自分の言説を正しいと認めてくれるだろうと、孟子は自画自賛しているのである。孟子の生涯を通してみても、まさに会心のひと言だったのだろう。くわしく見てみよう。

「よこしまな心が兆す」というその心は、初一念《しょいちねん》、つまり最初に湧いた思いのことをさす。人は初一念が大切だ。この原点をあやまると、どこまでもその間違いがつきまとう。そして政治にまで影響を及ぼすと、最悪の事態を引き起こす。

学問を志す者にも、初一念はさまざまあるだろう。まじめに道を求める者は上の部類。名誉やら利益のために学問をする者は下の部類だ。

初一念が名誉や利益のためという学問は、なぜ下の部類なのか。それは、学問を進めれば進めるほど、さまざまな弊害を引き起こすからだ。学識が広いからといって言葉を多用し、いくら飾りたててみても、不都合を覆い隠すことはできなくなる。だから、進退を左右するような、ここぞというときに間違った判断をしてしまう。そして節操がなくなり、時の権勢や利益にひれ伏し、醜い姿をさらしてしまうのである。

次は武士を例に挙げてみよう。お役目をつとめるうえでも初一念次第ということになる。まっとうな道を歩み、国に報いるためにつとめるのは上の部類。立身出世のためにつとめるのは下の部類だ。これもまた、下のやり方だと、だんだんと官職が上がるにつれて害が出てくる。そのほか、何にしても、この初一念が大切だ。

宋の時代の宰相、王安石《おうあんせき》の政治改革について考えてみても、この初一念がいかに大事かを思い知らされる。彼が新しく制定した法律は革新的だったけれど、あまりにも意固地で、そのため人民の恨みを買うことになった。しかし王安石の信念は、彼が宴の最中にまちがって魚の餌を食い、それは餌だと言われても平然と

王安石
中国、北宋中期の政治家、学者、文学者。

平らげてしまったという逸話が生まれる前から持っていたものである。そういう片意地な性格が自分自身の中にわだかまっていて、細かいことにあえば小さく反発し、また大きなことにあえば大きく反発したにすぎない。

日頃から書物を読んで、仕官している者ならみな、自らの初一念がどんなものであるか、よく内省すべきである。そして、それが良くない場合は、これを改めて善になるようにしなければならない。そのためには、百万の大敵を一人で平らげてやるくらいの勇気がなければ、初一念を是正することはできない。

ちょろちょろ流れる水も、その段階でふさぎ止めなければ、しまいには大河になることもある。芽吹いたばかりの枝を放っておけば、大木になってあわてて斧を持ち出す始末となりかねない。初一念のところでしっかりと正しておくとは、こういうことを指すのである。

「自分もまた人心を正し、邪説に惑わされるのを防ぎたい。また、偏った行いを阻み、とりとめもない説を退け、禹《う》、周公、孔子という三人の聖人の後を継ぎたいと思う」

禹　中国古代の伝説上の聖王で、三皇五帝の一人。

この章の主題は、この一説に凝縮されている。そしてこの一説は、つまり、人の心を正すという行為に集約される。これこそ孟子が生涯をかけて成し遂げようとした自らの責務だったのである。

古代の中国では、禹は洪水を防いで天下に平和をもたらした。また、周公は周辺の野蛮な国を平定して併合し、害を及ぼす猛獣を駆除して、人民を安心させた。そして孔子は、『春秋』を著して大義とは何かを世に問い、よこしまな家臣や不孝な連中はおそれおののいて悪さをしなくなった。孟子は自分とひきくらべて、彼らのこうした偉業を讃えている。

そして朱子はのちに、孟子のこうした態度について、「孟子が生きた時代、よこしまな考えが世にはびこり、人々の心はすさんでいた。これは、洪水や獣害よりもやっかいで、周辺の野蛮な国々が中国に侵入して政治をかき乱す以上に深刻だった。だから孟子はこの状況を憂慮し、なんとか救おうと尽力したのである」と述べている。これは深く味わいたい言葉である。

何がもっとも憂慮すべきことなのか、この点を今の日本の情勢で検証してみよう。


『春秋』 中国 古代の史書で五経のひとつ。

諸外国がわれ先に私たちの国へ入り込む隙をうかがっている。これは国家の一大事であるけれど、そのこと自体は、深く憂える必要はない。もっとも憂慮すべきなのは、こうした時期にもかかわらず、人々の心が正しくないことである。

人々の心さえまっとうならば、誰もが命をかけてこの国を守ろうとするだろう。守りきるまでの間には、何度か戦いに敗れることがあるかもしれない。けれども、それで即、国を失うということはあり得ない。

しかし、もし人々の心がまっとうでなければ、まだ一戦も交えないうちから、国じゅうが野蛮な外国に隷属するようになってしまうだろう。

だから、今日、もっとも憂慮しなくてはいけないのは、人の心がまっとうでないことではないだろうか。

ここ数年、野蛮な外国に対して、私たちの国の態度ときたら、国家の対面を失うものが少なくない。こうなったのも、恐れながら幕府をはじめ諸藩の武将たちの心がみな正しくないからだ。命を賭して国に忠誠を捧げようという覚悟が見られない。

もう一度孟子が生まれてきて、人々の心を正す以外、事態を打開する方法はない。そしてもう、それ以外、何も言うことはないだろう。

　このことから推論すると、洪水や猛獣が人民に危害を加えると、それは深刻な事態を招くことは確かだ。けれども、人々の心がまっとうならば、洪水は防げるし、猛獣も駆除できる。また、野蛮な外国が侵攻してきて王位を脅かそうとも、その悪行に立ちはだかって、逆にこちら側が外国を飲み込むことすら可能だ。したがって、これら四つの要因を心配する必要はない。

　ただし、人々の心がよこしまなときは、この四つをどうすることもできず、天地は暗黒で満たされ、人の道は絶滅せざるを得ない。まさしく、ぞっとする思いに駆られるではないか。

第十九場　八月二十九日

離婁　上　首章

たとえ離婁のようなすばらしい視力の持ち主でも、また光輪子のような手先が器用な者であっても、道具を使わなければ、正確な四角や円形を形作ることはできない。

この章で読み取るべき点は、こうだ。どんなに政治に携わる人物の心が善良でも、また、どんなにきちんと法が整備されていても、片方だけでは政治は有効に機能しない。何よりもまず、善と法の両方が兼ね備わっていなければ、真の政治にはならないということだ。

しかもこの両者のうち、特に法に重点を置くことが求められる。そうでないとしたら、どんなに人民に仁愛を注ぐ諸侯がいて、行動も伴っていたとしても、人民は一向にその恩恵を受けることができない。そのことがよくわかる章である。

ところで、孟子が指す法というのは何だろう。それは先王の道を踏襲する王政

離婁
中国の古伝説上の人で、視力がすぐれ、百歩離れた所からでも毛の先がよく見えたといわれている。

のことである。同時にそれは、仁愛に富んだ政治であり、人民には五畝《ごほ》の住まいと百畝《ひゃくほ》の田畑を与えること。そして教育の機会を設けること。こういったたぐいの施策を実施することを指している。

けれども後の世の政治に携わる者たちは、この点をよく考慮しなかった。そのため、かえってこの法という概念にとらわれすぎて、結果的に誤った政治を行う者が絶えなかった。

たとえば、宋の時代の王安石や、明の時代の方孝孺《ほうこうじゅ》のような人物である。彼らは、政治をうまく執り行えるかどうか、要は法の善悪次第だと考えた。そして自国の法体系だけに着眼し、これを改革しようと試みた。だが、これは大きな誤りだった。

そもそも、建国をなしとげ、後々まで長く栄えさせることができた国の始祖は、必ず、伝える価値がある制度を設けているものだ。たとえ、まっとうな道を歩むにも一本調子ではなかったり、徳の度合いも厚かったり薄かったりと、時代によって変化はあったものの、おおむね制度の点では盤石だった。

歴代の家臣たちがやるべきことは、このできあがった国の制度を引き継ぎ、ほころびないようつとめていくことだ。そのために、日頃から始祖が制定した法律

五畝の住まい　古代中国で、井田の法によって一世帯ごとに所有したとされる五畝（500歩＝約16．5アール）の宅地、家を指し、転じて標準的な庶民の家庭を言う。

方孝孺　中国、明初の朱子学者、政治家。

を研究する必要がある。こうすることで、それが法のための法になることを防いでくれるのである。そして、家臣たちはたゆまず徳や義を磨いて治める努力をすべきだ。それが唯一、正しいやりかたなのである。

自己を研鑽することをないがしろにし、自国の始祖が打ち立てた立派な法体系があることに気づきもせず、よその先王の法をかじってみたりする。あるいはあの周王室の制度を、何が何でも見習おうとしたりする。

こういうやり方は、「丸い栓は四角な穴にははまらない」というたとえの通り、しっくりいかないばかりか、いずれ大きな害をもたらすことは間違いない。

王安石や方孝孺は、この点の認識が甘かった。それで結果的に失敗したのである。それはつまり、「善なる心も法律もすべては先王の道に則ること。そうしないと絵空事であり、無駄なのだ」という孟子の意見が的を射ている。改めて、この点を考えてみようではないか。

けっして孟子は間違っていないと私は思う。なぜなら、政治を執り行う場合、なるべく極端なことをしないということが鍵となるからだ。孟子が生きた時代、諸国の政治は乱され放題だった。だから孟子は、この極端さを取り除いて、成周時代の安定した政治情勢に復元したいと考え、それで先王の道を掲げたのだった。しかも、大いに乱れていたとはいっても、まだ周の時代の余光が残っていたから、復元もしやすかったのである。

だから、孟子が言っていることは、宋や明の時代に周の頃の古い制度を用いて新しい制度を作ったのとは根本的に違う。それまでの制度を無理矢理変えて、なじんできた人情を踏みにじり、多くの人民を驚愕させた王安石や方孝孺のやりかたとは、異なっているのである。この点をよく理解したいものだ。

第二十場　九月三日

離婁 上 八章

すべての原因は自分自身にある。他人のせいではない。

この章の趣旨は、右の一句に尽きる。「自ら侮る」「自ら壊す」「自ら伐つ」「自ら禍をなす」。こういった言葉はみんな、「自ら」というところに原因がある例だ。自暴自棄といった言葉も、この仲間に入るだろう。

「自ら侮る」ということは、自分自身を自ら軽蔑したり、馬鹿にしたりすることだ。人間の心身は、天から本性を授かったもので、徳を心の中に備えているものである。つまり、天地身命が人の身にはもともと宿っているのであり、だからこそ、一人の人間の存在は尊く、重いのである。

それなのに自ら尊さも重さも気づくことなく、好き放題に悪事を働く者がいる。こういう人間は自らを侮り、馬鹿にする者だと言えるだろう。

「自ら壊す」という意味は、自分で自分の家庭をぶち壊すということだ。人の家には父子がいて、きょうだいがいて、そして夫婦がいるものだ。そうした家族があってこそ、家は完全なのである。

ところが、父が子に愛情を注がず、子が父に孝行をしない。兄は弟に友愛の情を持たない。夫は妻を導かず、妻は夫の言うことを聞かない。こんな状態だと、父子はお互いに傷つけ合い、きょうだいは喧嘩ばかりしている。夫婦はいがみ合い、とうとう肉親がお互いに争い、家庭崩壊へまっしぐらというわけなのである。結果的に、これは自分で自分の大事なものをぶちこわす行為だ。

「自ら伐つ」とは、自分で自分の国を攻撃するということだ。国が国として成り立つためには、君主の一族を頂点として、多くの家臣が仕え、そして万民が付き従うという形が必要だ。そのうえで、穀物を実らせ、お金が流通し、さまざまな財が行き交う。軍隊も組織されれば、城郭も築かれる。これが一国の姿だ。

国を維持できなくなるとすれば、まず、君主が自分の一族と仲良くすることができないため、一族が背いて、やがて離れてしまうことだろう。

また、君主が家臣たちの心をつかむことができず、そのため家臣たちは君主に怒りや恨みの気持ちを持つことになる。あるいは君主が人民を愛するすべを知らないために、人民の気持ちが離れていってしまう。

こういう状態では、いくら米や穀物が実っても、飢饉に備える準備などできるわけがない。いったん飢饉がやってくると、餓えてさまよう者が出てくるのは目に見えている。また、城郭があったとしても外敵を阻止することもできなければ、自軍が反逆しても鎮めることもできない。このようになってしまったら、国はもう壊滅するしかない。これが自分の国を伐つということだ。

こうしたことをろくに考えもせず、人に馬鹿にされたといってはすぐ怒る。人から壊されはしまいかと憎み、よそから伐たれるかもしれないと恐れる。どれも、たいしたことではないにもかかわらずだ。

この章の始めに、こんなくだりがある。「不仁者、つまり愛情に欠ける者がやりそうなこと」。この言葉に該当するのは、今述べた例、そのままである。

ああ、なんということだろう。不仁の者は、明らかに危ない状況をかえって安全だと思い込む。災害があると、逆に利益につながると考える。こうして破滅に向かう道を嬉々として歩き、自ら侮ることが人から侮られることになるとは思わない。自ら自国を伐つようなことをして、結果的には他国から伐たれることになるとも知らない。

こうして心が迷い、おぼれた生活を送り、ついには身を滅ぼすことになってもなお、自分でその破滅を招いたのだとは気づかない。なんと哀れむべきことだろうか。

第二十場　九月三日

離婁　上　九章

民が好んで欲しいと思うものは、与えたり集めたりしてやること。民がいやがるものは、施さないようにしよう。

この章の趣旨も、この句に集約されるだろう。またこの句はひと言でいうなら、「仁」という文字に凝縮することが可能だ。仁という言葉は、民を教え養うという意味も併せ持っている。

また、この句の「欲しいと思うもの、いやがるもの」に関しては、朱子が注釈のところで引用している漢の鼂錯《ちょうそ》の言葉でもはっきりと語られている。ただし彼が言っている「民を長生きさせ、豊かにさせ、安楽な気持ちにひたらせる」という言葉の中には、教と養という二つの概念を読み取ることが必要となる。

まず、教のほうを説明しよう。これは人民が自ら風習をより美しくし、正しい行いをして、刑罰などで捕らえられることがないよう仕向けることだ。そうすれ

鼂錯
中国、前漢の政治家。

ば人民は長生きすることができるというわけだ。

一方の養のほうは、人民がお互いに助け合い、貧しい者に恵みを与え、病人がいたら哀れむようにすること。また、連れ合いを亡くした人や、保護者のいない孤児でも暮らしていけるようにする。これこそ民を富ませることになるのである。

こうして誰もが豊かになり、同時に寿命が長くなれば、安楽という状況になるわけだ。しかしもし、民を養うことばかりできて、教えることができなければ、安楽という状況にはならないのである。

この、教え養うことこそ、孔子や孟子が政治を語る際の要点とも言える。

ある国の君主が、教えると養うのどちらもすでに備わっていたとする。その結果、人民は長寿で豊かとなり、皆が安楽な気持ちで暮らすことができたとしよう。それは、言い換えれば、君主が人民の信頼を得たこととなる。人民という存在そのものを、君主は自分のものとして得られたということである。あるいは、天下を心服させることができ、自分の自由にすることができたということだ。これは仁の道を成し遂げた君主だけが手にすることができる効力なのだ。

ただ、この章に記されている「心を得て、民を得て、天下を得る」の「得る」

という字をよく味わってもらいたい。

「得る」とは、自分のものにすることだが、それだけではない。自分の自由になる心のことを指す。天下を得れば、それは自分のもので、自分の心のゆくままになる。民を得れば、それは自分のものであるから、自由に使うことができる。心を得れば、心は自分のもので、自分の自由になることだ。

だから「民を得る、心を得る」ということは、孫子が言っているように、民の心が君主の思う通りになるということなのだ。

たとえば、政治に携わる者が野蛮な海外を忌み嫌っていたとする。これを征伐しようと思えば、民心もまたすぐに呼応するだろう。あるいは、政治を指揮する者が城郭を築いて大砲を据え、外国船を打ち払おうと備えを固めようとする。すると民心もまた自然とその通りになる。こういう状態を「民を得る、心を得る」というのである。

だが、もし上の思うところが、少しでも民心に届かない場合は、それは「得る」とは言えない。書物を読む場合は、このように本当の意味を捉えることが肝要だ。

ところで、この章には昔からの格言が出てくる。

「七年もの長患いに三年も乾かしたよく効く百草《もぐさ》を急いで買い求め、灸を据えて直そうとしても、もう間に合わない」

これは、日頃からの備えが大事ということなのだが、この格言をきっかけとして、今の時勢について少し話してみたい。過ぎ去ったことをあれこれ咎めても、始まらない。将来を見据えて今の事柄を論じてみよう。

今の日本が煩っている病気とは、欧米にびくびくしていることだ。七年どころか、十年、いやもう数十年このかた長患いしている。では、病気を治す百草は何かといえば、外敵に対する備えということになる。これは一日用いれば、一日分の効力がある。十日用いれば十日分、百日なら百日分、一年では一年分、三年続ければ三年分の効果がある。だから、今すぐにでも百草を取って乾かすべきだ。もたもたしてなどいられない。

このことは学びについても言える。自分が十年早く生まれたなら、この仕事は大成功しただろうとか、この芸を修得できただろうと言う人がいる。けれどもこれは、「七年の病を治すのに、三年乾かした百草をその時点で使ってみても、もう間に合わない」の例えのように、悔いてもしょうがない繰り言なのである。

そんな暇があったら、即、決意して、仕事に取りかかり、芸の稽古を始めるべきなのだ。何事も、着手するのに早いとか遅いとかいうことはない。「思い立ったが吉日」ということわざもある。これが、まさしく、万一病気になったときのための、あるいは日頃からよい百草を用意しておくための、最良の策と言えるだろう。

第二十場　九月三日

離婁　上　十三章

天下の父というべき長老が文王に帰順した。そうなった以上、長老の子というべき人民は、文王をおいてどこに行くというのだ。

この章は、至誠の気持ちは必ず人を動かすという一例を挙げたものだ。

周の文王は至誠の人そのものであり、老人をいたわり、立派に養った。そのことを聞いて知った伯夷《はくい》や太公望《たいこうぼう》たちは、文王のもとにはせ参じた。そして文王の政務を助けようと決心し、自発的に立ち上がったのである。

伯夷も太公望も文王より年上で、徳のある長老的な存在であった。いわば「天下の父」ともいうべき立場だった。だから、この二人の「天下の父」が、文王に付き従ったことは、「天下の子」という立場である人民もまた、自ら立ち上がって文王に従ったことを意味していた。

しかし文王の心の中では、伯夷や太公望を付き従わせようとは思ってもいな

伯夷　中国古代、殷末周初期の伝説上の人物で、清廉な人間の代表とされる。

太公望　中国、周王朝の建国伝説の名将。

かった。また、人民を動かそうという下心は少しも持っていなかった。もしそうだとしたら、至誠とは言えない。このことについては、前章でも述べられているように「人が行うべき道は、ごく手近なところにある。人がなすべきことは、ごく平凡なことの中にある」ということにも通じるものがある。

なお、次の章で語られている真意とは、どんなに有能でも至誠の人でない諸侯への仕打ちを述べたものである。

第二十場　九月三日

離婁　上　十四章

戦上手は極刑に処すべきだ。また、諸侯を連合して野望を遂げようとする者は次に重い刑を与えよ。そして荒れ地を耕して民に割り当て、税収増を図る者は三番目に重い刑を課すべきだ。

これはまたびっくり仰天させる言葉だ。

今、国家には問題が山積し、諸外国は好き勝手に振る舞っている始末だ。だから、野蛮な外敵を蹴散らすほどの戦上手がこの日本に現れて、諸大名を連合できる人物が登場してこそ、国中が一丸となれるだろう。また、荒れ地を切り開いて経済を豊かにするようでなければ、この国難を救うことはできない。

それなのに、こうした人物を重い刑に処すべきだというのだから、読んでいて唖然とする。しかし、これは孟子の真意を深く察していないせいなのだ。

つまり孟子はこう言いたいのである。仁政を行わないでおきながら、この三者のやり方だけをもっぱら頼みにすることが誤りなのである。

もし今、親族が仲良くし、賢者を敬い、人民に慈愛を注ぎ、立派な人材を養い育てるような仁政を行わないで、ただこの三者を無理矢理、主役に据えたとしたらどうだろう。その行き着くところは、容易に想像できる。こうした点を孟子は憎み、重い刑を課すよう言ったのである。

第二十場　九月三日

離婁　上　十六章

瞳を上手に観察できる人は、相手が賢いか、愚かなのかという区別はもちろんのこと、行動の仕方まで、すべてを明瞭に見分けることができる。

人の精神は目に宿る。だから人を観察するときは、その人の目を見るとよい。心の中が正しいか、正しくないのか。それは、瞳が澄んでいるか暗いかでわかるのだ。

瞳を上手に観察できる人は、相手が賢いか、愚かなのかの区別はもちろんのこと、行動の仕方まで、すべてを明瞭に見分けることができるものだ。

だから、瞳に現れるのは、その人物が正しいか、よこしまかという問題だけではない。どんなに声や顔つきで慎み深いふりをしても、瞳を観察されたら何の訳にも立たないのである。

上っ面だけの言葉、見せかけだけの振る舞いといったことは、もちろん人を心服させ信用してもらえるだけの価値はない。至誠、つまりこの上なく誠実な真心が本当に人を感動させることに比べたら、はるかに及ばないのである。

第二十一場　九月七日

離婁　上　二十一章

褒められたり、けなされたりすることに、反応しすぎてはいけない。真心を尽くすことに集中しよう。

世の中で褒められたり、けなされたりすることがあったとしても、それはあてにならないものだ。それなのに、けなされることを恐れ、褒められたいという気持ちが心に巣食ったとしたらどうか。うわべだけの声にばかり心を奪われるようになり、真実に向き合う気持ちが日に日に薄らいでゆくことだろう。

だから、君子であろうとする者は、自分の身を修め、真心を尽くすことに集中しよう。世間の評判などにこだわる必要はないのである。万全を期して努力しているのに、かえって非難されることもある。そうかと思えば、思いもかけないことで褒められたりすることもある。人が褒めたりけなしたりするのを、絶対不変のものとして受け止める必要などないのである。

第二十一場　九月七日

離婁　上　二十三章

人は偉くもないのにやたらと師になりたがる。これは人の弱点のひとつだ。

人の師になろうとすれば、学問はもはや自分自身を磨くためのものではないということになる。学問を修めようとも、その人物は単に知識を広く修得して、誰かが使ってくれるのを待つ立場となる。そしてせいぜい他人の顧問役となるくらいのものだ。

これは学者みんなに共通する欠陥となっている。私たちもその点、強く戒めてかからなければならない。そもそも学問をする上で必要なことは、自分のために学ぶのであるという心構えだ。自己を磨くために行う学びは君子の学問である。誰かのために行う学びは、器が小さい者の学問だ。

自己を修行するために学問をする人は、人の師にはなりたがらない。というより、こういう人物なら、自然と尊敬されて人の師となっていくことだろう。

ところが誰かのために学問をやっている者は、師になりたいと思うものの、結局、その資格が身につかず、目的を果たせない。だから「知識だけの学問では、師となる価値がない」と昔から言うのである。

以上、この章を含む数章は、他人からけなされようが、褒められようが、そんなことにこだわらなくてもいいと教えている。それよりも自分を磨き、真心を尽くすこと。軽々しく言葉にするのを慎み、実行することを自らの責任とすること。そして、自分のためになり、実行に移せる実学を修める姿勢が必要だと述べている。

これらの章で語っている内容は、どれもよく似ている。自らを修めて、実行に移すのだという教えなのである。

十一月十一日

離婁　下　四章

無実の役人である士分の家来を、主君が殺すようなことがあれば、いずれ士分の下の大夫さえも殺してしまうだろう。そうなる前に、大夫である者は、早々に国を脱出すべきだ。

「去りうつる」ということは、それまで仕えている国を去って、他の国に移ることを言う。といってもこれは、もともと諸国を渡り歩いている者たちについて述べたものだ。

先祖代々、俸禄をその国から賜っている者は、喜びも悲しみもその一国と共にするものである。このような家臣は、禍いが自分に降りかかることを避けてまんまと仕えていた国を脱出して、うまくやったぞと、保身の巧妙さをひけらかすことなどできはしない。

家臣であるなら、主君が不徳な振る舞いをするときには、これを諫《いさ》めて死ぬのが正しい道である。真の家臣なら、どうして大急ぎで国外に逃げ出すことなどできようか。

しかし、である。諫めても聞き入れられず、実行に移されない。あるいは君子としてまっとうな道が国中ですっかり衰え、代わって小人の道ばかりはびこるようでは、また話が別だ。

そういう場合は、いったん官職を辞めて身を引くことだ。そして野に下り、ただ、自分自身の覚悟だけはしっかり抱いておけばよい。やがてここぞという一大事が起こったときに、君主のため、国のために役立つようにしておくのも、ひとつの意義ある道なのだ。

これこそが譜代の家臣にとっての「去りうつる」という意味なのである。

十一月十一日

離婁 下 七章

中庸の徳を身につけた人物が、徳のない者を養う。才能のある人物が、才能のない者を養う。

この章でいう「養」の一語は、最も注目したいところだ。朱子が付けた注によれば、「養とは、涵育薫陶《かんいくくんとう》をすることで、自らが変化するのをじっと待つことをいう」とある。

涵とは浸すことで、綿を水に浸す作業を指す。また、育は赤ん坊を乳で育てるという意味だ。薫は、香を焚き込めること。陶は土器をかまどで焼き固めることだ。

つまり、人を養うときも、この四つの行いのように、自然に感化すべきだと、ここでは語っているのである。徳もなく、才能もない人間を、縄で縛り上げて、杖で打ち据えるといったやり方はよくない。ほんのわずかの期間で、調和のとれた徳を身につけさせようとしても無理だ。また、急場しのぎでは、才能を開花させることもできない。

正しいやり方とは、そういう人々を、仁義や道徳の中に浸して、知らず知らずのうちに善に向かわせること。そうすれば悪から次第に遠ざかり、もともと染みついていた悪い汚れが浄化される。そして善に入れ替わっていくのである。この過程をじっくりと待つべきだというわけだ。

これはまさに、保護者の立場にある人が、子や年下のきょうだいに接する際の、正しい道だと言える。保護者だけでなく、国の行く末を見据えて舵取りをする立場の人物も同様だ。また、人の師となって教え導く人々にも当てはまる。

「養」という一字は、このような立場の人にこそ、深く味わってもらいたいものである。

十一月十一日

離婁 下 八章

してはならないことをはっきりさせる。その後で、本当にすべきことを悟るのである。

してはならないことを絶対にしないというのは、孔子が言う狷者《けんじゃ》のことだ。つまり、かたくなに守って、よくないことをしない者を指す。一方、やるべきことは必ずやるというのは、狂者のこと。こちらは、進んで何かを実行する者のたぐいだ。

この狷者と狂者は、本来、別の人種だと言ってもよいくらいだ。たとえば、伯《はく》夷《い》は武力で天下をひっくり返した周に仕えることを恥じて、首陽山《しゅようざん》にこもり、そのまま飢え死にしてしまった。

また、厳《げん》子《し》陵《りょう》は光《こう》武《ぶ》帝《てい》に屈することを潔しとせず、釣り台に載ったまま、官位につくこともなく老い、清貧を貫き通した。こうした例はみんな、絶対にこと

首陽山　中国山西省の西南部にある山。周の武王を諫めた伯夷・叔斉が隠棲し餓死した山として知られる。

厳子陵　中国、後漢の高士。

光武帝　中国、後漢の初代皇帝、劉秀の諡(おくりな)。

をなさないという志の表れと言えるだろう。

対照的に、伊尹《いいん》が成湯を助けて夏の桀王を南巣《なんそう》の地に追放したこと。太公望が周の武王に進言して紂王を牧野で誅殺したこと。こうしたできごとは、天下の動乱を平定し、人民の苦しみを積極的に救おうとした例だ。つまり、何が何でも行動を起こし、ことをなしたということになる。

このように、伯夷、厳子陵、伊尹、太公望の四人は、二種類の人物に分類することができるだろう。

しかし、伊尹がまだ湯王に見いだされる前、有莘《ゆうしん》の野で農夫の生活をしていたとき、あるいは太公望がまだ文王に出会わず、渭水《いすい》で釣りをしながら暮らしていたとき、彼らは、富にも栄達にもまったく心を動かされなかった。野にとどまるつもりでいたのだから、この時点では、「なさない」志を持っていたのである。そしてこの志を抱いていたからこそ、やがて本当になすべき有意の偉業も遂げることができたのだと言えるだろう。

また、伯夷や厳子陵のような、「なさない」志を持っていた者は、もしも、何らかの事情で当事者になる場面に出くわしたとしたら、必ず有意の偉業を成し遂げたにちがいない。

伊尹　中国、殷王朝初期の伝説的宰相。

成湯　中国、殷の湯王の別名。

渭水　中国、黄河最大の支流で、陝西省中央部を流れる川。

今、私たちは、罪を得て囚われの身だ。一心につとめていることといえば、心を道徳の世界で悠々と楽しませていること。利害や損得など天下の俗事には、まったく心を動揺させることがない。言ってみれば「なさない」志だ。それがしっかりと定まっていさえすれば、急に一大事に接することになったとしても、必ず有意の偉業を成し遂げることができると確信している。

私が学問に励んでいるのは、つまりこういう理由なのだ。

十一月十二日

離婁 下 十三章

人生の後半をきちんと生きるのでなければ、どれほど才能や英知がすぐれていても、尊敬される価値はない。

この章は、朱子が入れた注によってすでに意味が明らかにされている。しかしあえて別の解釈を提案して、参考にしていただきたい。

「生を養う」ということは、親が生きているあいだに親孝行をするという意味だ。孝行は父母の面前で行うわけだから、よほど不届き者でない限りは、親にはうやうやしい態度で接するだろう。

しかしこういう態度を見て、簡単にその人間を親孝行だと信じるのは間違いのもとだ。親には孝の心で接するわけだから、当然、兄には悌《てい》の心で接するだろう。君主に対しては忠の心も見せるだろう。そんなふうに期待して、この人物を用いようとすると、とんでもない事態を招きかねない。

悌の心　兄や年長者によく従うこと、兄弟の仲が良いこと。

「死を送る」、つまり親の葬儀をとり行う際にも、親が存命のときと同じように誠意や信義を尽くせる人物こそ、本物の親孝行だ。こういう人こそ、大役に当たってもらうべきだろう。

大役に当たるということは、一大事が巻き起こったとき、それの重圧に耐えて任務をまっとうできるということだ。これは『論語』に記されている、「命の危険にさらされるような一大事に直面しても、その志がくじけない毅然とした人物こそ、真の君子人だ」と表現されているように、精神力を持つ人なのである。（当たるという意味は、朱子の注と少し異なっている）。

このような道理は、父母の生死のときだけにとどまらない。あらゆる問題に当たるうえで共通しているのである。国が強く、勢いがさかんなときには、誰もが忠義を抱き、勤勉であろうとする。だが、ひところの勢いに陰りが見え、国が衰え始めると、志をひるがえして敵に降伏する。あるいは主君を売るような人間が少なくないのである。

だから昔の人はこう言った。人生の後半をきちんと生きるのでなければ、どれほど才能や英知がすぐれていても、尊敬される価値はない。

また、英明な君主のもとで忠義を尽くす家来は、まあ、珍しくはない。しかし、道理のわからない愚かな君主に仕えて忠義を尽くす家来こそ、本当の忠臣である。

慈悲深い父のもとで孝行をする子どもは、やはり、当たり前。頭が堅くて道理をわきまえない父に仕えて忠孝を尽くす子どもこそ、本当の親孝行である。

褒められて忠孝にはげむ者は、珍しくない。責められて罰を負わされてもなお、忠孝を尽くす人物こそ、本当の忠臣である。

武士として覚悟すべきことは、この一点に尽きるのである。

十一月十三日

離婁 下 十八章

実力以上の評判は、水源のない水の流れのようなもの。君子はこれを恥じるものである。

孔子がとある水源にたたずみ、こう言われた。

「流れゆくものは、この川の水のようなものだ。昼も夜も休むことがない」

これは、天地の間を流れていく存在を例に挙げて、学問をするうえでの心構えを語っている。

さて、孟子はこの章で触れられている孔子の意見をどう論じているだろうか。

それによると、源があるものは、流れても流れても尽きることがない。微妙に孔子とは言っていることが、食い違っているようだが、目の付け所は同じである。

つまり、人たるものは源を持つ水の流れのように、自分の志もまた尽きないものにすべきだと両者は言っているのである。

学問を修得する上でも、また、親孝行や忠義を実践する場合も、みなこの水の流れのような志を持つことだ。

もし、源がないために流れが中断したり、水量が乏しかったりして、流れの途中のくぼみすら満たすことができないようでは、本当に恥ずかしいことである。

十一月十四日

離婁　下　二十二章

孔子から直接教えを受けられなくても、孔子の教えを引き継いだ人から間接的に孔子の道を聞くことができる。一人静かに自学自習し、自らを修め、よりよくすることができるのである。

学問はむかしから、先生から生徒へと伝えられ、習い継がれてきたという由来を持っている。孟子は子思《しし》の門人から学んだし、子思は曾子《そうし》から学んだ。この曾子は孔子の愛弟子で、とくに優れていた。

また、宋の時代の学者を見ても、周濂渓《しゅうれんけい》という人から弟子の二程《にてい》に教えが伝わり、今度は二程から張横渠《ちょうおうきょ》や羅予章《らよしょう》、李延平《りえんぺい》などを経て、そして朱子へとつながっていった。学問の世界は、いにしえから今日まで、このように伝承されてきたのである。

私はいま、獄中にいる。だから、良い先生について直接教えを聞くことはでき

子思　中国、春秋時代の思想家で、孔子の孫

曾子　中国、戦国時代初期の教育者で、曾点の子。孔子の弟子。

周濂渓　中国、宋代の儒者。濂渓は周敦頤の号。

二程　中国、宋の儒者、程顥と程頤の兄弟。

張横渠　中国、北宋時代の哲学者。

羅予章　中国、宋の儒者。

李延平　中国、南宋時代の思想家、李侗。

ない。そのため、こうして学問をしていても独断や私見に陥って、ひょっとしたら聖人がいう根本的な道義に反しているのではないかと心配している。

だからこそ、いつも心を謙虚にし、自分の予断をしないよう心がけているつもりだ。そして昔の人は実際、どんな姿をしていたのだろうかと思い浮かべるようにしている。

ところが、この章を読んできて、特に思ったことがある。それは、代々の教えは、五代も経つと、その学派らしさや師の人柄など、ほぼなくなってしまうということだ。

ただ、孟子は孔子の直弟子ではなかったものの、孔子の人となりを伝える人から、それも含めて学ぶことができ、身を修めることもできた。これは幸いなことだと言えるだろう。この事実に気がつき、私は感慨深く思うのである。

十一月十七日

離婁　下　二十九章

禹も稷も、そして顔回も、同じ道を歩いた。

禹《う》や稷《しょく》は志を貫いて天下人となった。いっぽう、顔回《がんかい》は陋巷《ろうこう》、いわゆる貧しい路地裏に身を置いた。行動の仕方はとても対照的だったけれども、まっとうな道を実践するということに関しては、同じだったと言える。その点について、考えを掘り下げてみたい。

顔回はどんな胸中だったのだろうか。彼の精神は、自分自身の行いを正すことに集中していた。これに対して、禹や稷は民衆を救おうとしていた。しかしそのどちらもみな、仁、つまり慈しみをもってすべてに接するということだった。

仁者と呼ばれる人は、自分が人の上に立ちたいと思ったら、人を立たせるようにする。自分が到達したい目標があるときは、人をそこに行き着かせるようにする。自分を修めたいという気持ちがあるからこそ、こんなふうに他者を救おうと

禹　中国古代の伝説上の聖王で、三皇五帝の一人。

稷　中国古代の周王朝の始祖と伝えられる人物、后稷とも言う。

顔回　中国、春秋時代の儒者。

いう心が生まれる。これが、禹、稷、顔回の三人が等しく持つ精神だ。

世の中には大賢と呼ばれる人格者がいるが、これくらいから上の賢者になると、他者を救おうという心を一様に持っているものである。

ただ、中人といわれる中等の人物の中にも大賢の資質をのぞかせる者がまれにいる。こういう人もまたふつうの人間と比べると、別格な存在だと言える。

たとえば孟子も評価している二人の人物がそれにあてはまる。伊尹は、世の中の人々を救おうとして、国が乱れているときも治まっているときもつねに目的に邁進した。そのため責任感に満ちた聖者だと孟子は評している。

また、伯夷はこれはという君主以外にはぜったい仕えなかったし、そんな君主の人民でなければ用いない主義を貫いた。そして国が治まればどんどん前に進むけれども、国が乱れれば身を引いたので、清々しい聖者だと評している。

伊尹についても伯夷にしても、身を置いた境遇が彼らをそのような行動に駆り立てたという見方はできるだろう。しかし、もともとの性格や考え方の好みなどが、凡人とは違っていた。ましてふつうの人以下の連中からすれば、まったく次元の違う精神を持っていたと言ってよいだろう。

ただ、孟子のいう「同じ道を歩む」ことについて、禹も稷も顔回もその精神が同じだったのだという言葉にとらわれすぎるのもどうかと思う。ここは自分が表に出るかどうかという場面で、あまり深くこだわりすぎると、かえって行動が窮屈になってしまうからだ。

どんなときも私心さえなければ、進むのもよいし、退くのもよい。表に出ようが、出まいが、そのときに応じて自由に道をえらぶことができるだろう。

逆に、まだ私心を抜き去ることができない状態では、進むか退くか、前に出るか出ないかの場面で、私心に足下をすくわれて、まっとうな道を踏み外してしまうことになるのだ。

さて、私は自分の性格を、狂気じみていて、暗いと思っている。孟子も触れているけれども、髪もろくに束ねないくせに、隣近所でもめ事が起これば髪を振り乱して仲裁にかけつける者。どうも私はそういう欠点を持っているようだ。

ただ、それは自分の名誉や利益のためにしているのではない。あの顔回のように、貧しい裏長屋でひっそりと暮らし、まっとうな道を歩もうと、むしろ楽しんでいる節がある。それが私の心が最も安らかな状態となるからだ。

そこまで考えてきて、私には思い当たることがある。禹や稷のように世の中を治めようとする者は、顔回の心を持っていなければならないと、今わかったのだ。また、苦労するのがいやで楽になることばかり心配し、禹や稷の行動とはほど遠いくせに、態度だけは顔回をまねる。そういう人間は、絶対に本当の顔回にはなれないのである。

孟子は、禹や稷の時代はおおむね平和で、顔回の時代は乱世だったと言っている。孔子や顔回が生きた時代が乱世だったことは『春秋』などの書物でも知ることができる。

とはいえ、禹や稷の時代にも、洪水は天にまで達しようかというくらいひどかった。当然、庶民はひもじさに苦しんでいたわけで、けっして太平の世とは言えなかった。しかも孟子がこの章で太平の世だったと述べている理由は、上には堯帝や舜帝というすばらしい天子がおり、その下に禹や稷という名臣がいたからなのだ。

ところが孔子や顔回が生きた春秋時代になると、天子ともあろうものが名ばかりの存在になってしまい、まともに職務を遂行することができなかった。せっかく孔子や顔回のようなすばらしい賢人が登場しても、民間に隠れ住むほかなかった。このことが乱世といわれる理由なのである。

つまり、君子が上にいて、小人が下におさまっていれば、どんなに自然災害をはじめ外敵や獣が侵入してくる恐れがあったとしても、世の中は太平だ。一方、小人が上にいて、君子が下にいるようだと、天災や外敵といった災いの恐れがなかったとしても、乱世の道をひた走っていることになる。

乱という状態は、兵が乱れるということではない。同様に太平という状態は、作物がよく実るということではない。太平の本当の意味は、君子が君としてのまっとうな道を歩み、家来が家来としてのまっとうな道を尽くすことだ。そして父は父としての道、子は子としての道を尽くす。そういう状態になって初めて天下が太平だというのである。

さて、今の時代は太平というべきだろうか。それとも乱世というべきだろうか。よくよく考えて判断しなければならない。

十一月二十一日

万章 上 四章

詩を読み解く者は、たった一文字にこだわって、一句全体の意味を味わい損なってはいけない。一句にかかわって、全体の主題を取り違えてもならない。自分自身の心を開き、作者が伝えようとしている魂を受け止めることだ。そうすれば、作品を理解することができたと言える。

ここで述べられている読書の要領は、詩だけに限ったことではない。読書の正しいしかたとは、心の偏見をなくし、決めつけてかからないことだ。そして書物に没入して、この本は何を言おうとしているのかに思いをめぐらす。著者の真意をくみ取るよう、いつも意識するとよいだろう。

今日の人々は読書のしかたという点で、大きな間違いを犯している。それは、自分の尺度に合わせてしか本を読まないということだ。残念ながら作者の真意をくみ取ろうという態度が見られないのだ。(このことは『朱子類語』でも触れられている)。

私が見るところでは、読解力がある人でも、こじつけの解釈をして本を読む人がたくさんいる。これはやはり作者の真意をくみ取ろうとする姿勢が欠けていることがもたらす弊害である。

しかし一方で、見識に欠ける人は読書をする際、別の弊害を生じさせているようだ。こちらの場合は、ともかく書物を信用しすぎること。そこに書いてある字句にこだわりすぎること。要するに目を見開いて本と向き合い、本を活かそうという姿勢が足りないのだ。

このあたりの塩梅《あんばい》はどうにも言葉では伝えにくく、自分で努力し、体得するしかない。ともかくまず、「常に目的を心に抱くことを忘れてはならない。けれども、無理にこじつけて目的を達成しようとしてもいけない」という、孟子の言葉を噛みしめ、悟ることができればよいだろう。

次に文中で取り上げられている『詩経』にあるくだりについて考えてみよう。「長く孝行を尽くそうと思って忘れないなら、自然と天下の法則となる」

この箇所の注釈には、「いつまでも孝行を尽くそうと思っていれば、けっして忘れることはない。それはやがて天下のお手本となるのである」と記されてい

『詩経』 中国最古の詩集で、五経のひとつ。

る。

これをどう考えるか。舜が天下を取り、君主となったとき、道理に背くことばかりする父をどう扱ったか。舜は父をけっして臣下のようには扱わず、天子の父として尊厳を与えた。さらに天下の富を使って彼を養った。この舜の父に対する態度は、親に尊敬と奉養を尽くす道の究極の姿となったのである。

それ以来、舜王に仕える公侯《こうこう》から卿大夫《けいたいふ》にいたるまで、あらゆる身分の家臣も彼を見習うようになった。

また、たとえば庶民から抜擢されて公候になったとしよう。この場合、その父の身分は庶民であっても、公候の父にほかならない。また、卿大夫になったとすれば、その父の身分は庶民であっても、卿大夫の父ということになる。これが朱子の言う「天下のお手本となる」の意味なのである。

さて、時代は下って、この法則はどうなっていったか。残念ながら親に対する尊敬と奉養の気持ちは薄れてしまっているようだ。子どもは少しばかり出世をすると、父や母に偉そうな態度で接するようになる。世の中、そんな者ばかりとなってしまった。だが、これは大きなあやまりである。『論語』には、こう記されている。

公候　高貴な位の人、大名や諸侯。
卿大夫　中国、周の封建制を支えた貴族階級の官称。

「孔子は郷里では、ただ、ただおとなしく、口もきけないありさまだった」

ましてや、父や母に対する子の態度は、それ以上に慎み、畏れるべきだ。舜が親に尽くした孝行の道を、そっくりそのまま天下の法則にするのがよいだろう。

十一月二十二日

万章 上 五・六章

天は何も語らない。ただ、どう人が振る舞い、どんな結果を招いたかという形で、天は意思を示してくれる。

ここは第五、第六章とひとまとめにして考えるとわかりやすいだろう。いずれも天命について記された箇所であり、むかしはどうやら天と呼ぶものに二つ意味があったようだ。

ひとつめは、この章で引用されている『書経』の「天の視るはわが民の視るに従い、天の聞くはわが民の聞くに従う」という箇所である。

天にはもともと心はない。だから民の心をもって天の心とする。また天には耳も目もない。だから民の耳や目を借りて、天の耳や目とするのである。天地の気を察知して、それを形にするのは人間だ。また、天地の理屈を理解して、それを心とするのは人間だ。これがつまり、人心とは天心であるという意味である。

この章ではこんなくだりが紹介されている。堯帝が亡くなったあとのことだ。裁判を願い出る者も、亡き天子の徳をたたえようとする者も、みんな堯帝の子である丹朱を差し置いて、人望のあった宰相の舜のところへ出向いていった。人々のこうした振る舞いは、いくら意図的にやろうとしてもできることではない。そこで「天の然らしめるところである」と記しているわけだ。つまり、この挿話は、人心が天心になったことを示しているのである。

つまり、「人が力を加えなくても自然とそうなってくるものは天業、つまり天の意思によるしわざである。また、人が招こうとしないのに、自然とやってくるのが天命である」ということだ。そしてこの後者こそ、天の二つめの意味なのだ。人の力が及ばないところを指して、天と呼んだわけである。

そう考えるなら、「舜の在位期間は二十八年、禹は十七年、益は七年と、かなりばらつきがある。また、それぞれの子たちも賢かったり愚かだったりという違いがあった。これらはみな天意に基づくものだった」という説明が、まさに天とは何かを語っているのである。ともかく、人の寿命、知恵のあるなし、さまざまな損得、そして幸不幸、すべては人の力ではどうにもできない。なぜなら、すべてはこの二つめの意味の天の意向によるところだからである。

丹朱　中国古代の伝説上の帝王、堯の子の名。

昔、人々は天をこの二つの意味で説いていた。それ以外に意味があるとは、聞いたことがない。ところが、漢の時代に登場した儒学者たちは、妙な説を言い出した。『洪範《こうはん》』や『春秋』に書いてある内容をこじつけて、五行、天文といったいろいろな説を唱えて人々を惑わし、以後の時代もこの傾向は続いていった。

唐の律令制度を記した『六典《りくてん》』には、大瑞《ずい》（景星・慶雲）、上瑞（白狼・赤兎）、中瑞（蒼烏・朱鷹）、下瑞（嘉禾・芝草）という四種類の瑞祥について記されている。これは、甚だしく天をたぶらかすもので、私は大嫌いだ。意識して排除すべきものだと思う。しかし、こうしたいかがわしい説は、すでに人々の心に染みついていて、ぬぐい去りがたい状態だ。

唐の柳宗元《りゅうそうげん》が説いた天説・時令論・貞符といった説は、天について明解に定義している。私は彼の説をいつも褒めてきた。そして今、孟子のこの章の主題を理解するにあたり、柳宗元の説を改めて根拠にしてみたい。

「堯帝が舜に、天地の神々の祭りを行うよう命じた。神々はその祭りをよしとして、つつがなく行事は執り行われた」と、孟子は記している。この言葉について次に吟味してみたい。

祭りをしたら、それを神が受け入れた。それは、人間の真心が徹底していた結

『洪範』
『書経』の一編で周書の編名。天下を治める大法を夏の禹王の名に託して述べた、戦国時代に儒教の立場からまとめられた政治哲学の書。

『六典』
中国、周代の国を治めるための六種の法典で、治典・教典・礼典・政典・刑典・事典の総称。

柳宗元
中国、唐代の詩人、文人、文学者。

果と言える。舜が水害を調査するために、ふもとの山林に分け入っていった。すると激しい風が起こり、雷雨に見舞われた。けれども舜は少しもたじろがなかった。これは彼の真心に神が共鳴したということだ。また『易経』にも、同じ意味の話が書いてある。

「百里先を揺り動かすほどの雷が鳴り響こうとも、心に誠と尊敬の気持ちがあれば、手にした祭礼の匙も香酒も落とすことはない」

天地鬼神といわれるものは、もともと形がないものだ。だが、名山や大河、さらには国王の祖先の霊廟、地元の神、穀物の神などは、人々の心が自然に崇敬を捧げる対象となる。祭りを司る者が、心身を清め、真心を持って尊敬を捧げるなら、真意はおのずから表れてくるのだ。これこそ、百神の祭りを、快く受けるということなのである。そして、主君の心も誠実なら、「政治はよく治まり、人民は君主を信頼し、安心してついて行く」ということになる。

この道理を知りもせず、神が祭りを受け入れるかどうかについて、いかがわしい説をこじつけてはいけない。

「低い身分の出なのに、天下を治める者もいる」、「親から受け継いで天下を治める者もいる」。これについては、天下人から武士、そして広く庶民までかかわ

『易経』 五経のひとつで、占いの理論と方法を説く書。

りがある。天下国家を打ち立てる人はみな徳や人望があり、しかも好機をものにした人物であって、そうでなければこのような偉業は不可能だ。

武士や庶民にとっても、一家を盛り立てていくのは大変だ。また、侍の場合、それぞれの俸禄を代々継いでいくのは、簡単ではない。その武士の祖先が数十年間におよぶ戦で苦労し手柄を立て、たとえ百五十石ほどのわずかな俸禄であっても、やっと賜ったものなのである。

その俸禄は子孫の代になっても頂戴することになる。よっぽど頭が狂った者か、どうしようもないわがままな者でない限りは、先代からの禄高を引き継ぐことになる。これは主君が天意を承って行うもので、侍の子孫としては大変な厚意ある恩と心得なければならない。

ところが、この道理をわきまえないで、能力もないのに莫大な俸禄をもらう侍がいる。君主の恩も、祖先の恩もまったく眼中にない。そして得意顔で、自分は高禄をはんでいるのだと周囲に自慢する。こんな恐れ多い者がいるだろうか。深く反省すべきだろう。

このように、天と人との関係は、天下を治める者に限ったことではない。すべての人が見過ごすことのできない大事な問題なのである。

十二月二十四日

万章　下　首章

一糸乱れない音楽の調べは出だしが肝心だが、これは知の働きが鍵だ。そしてこれを最後まで脈絡を乱さず奏でるのは、聖の力のおかげだ。ここでいう知とは弓を引く技に例えられ、聖は有美を引く力に例えることができる。

この章は、知と聖とが主題である。知とは、弓を引く際の技術にあたる。いわゆる致知、「知を致す」ということだ。

聖は弓を引く力であり、「行を努める」、つまり努力して行うことを指す。

知と行は二つのものでありながらひとつ、ひとつでありながら二つという間柄だ。王陽明《おうようめい》が唱えた知行合一《ちこうごういつ》という説にも通じ、きわめて妥当な考え方と言えるだろう。だが、この章では、知が先で、行は後だという点に着眼してみたい。孟子は、両者は順序を定めなければ意味をなさないと語っているからだ。

さて、ふつう、心を励ましたり行動を磨いたりするとき、まず、どうするか。

王陽明

1472～1528年明の儒学者、知識を主とした朱子学に対して、知行合一に基づく実践実行を重視した。

知行合一

認識と行為、知ることと行なうことは同一のもので、真の認識は必ず実践を伴うものという考え。

学問上の工夫、つまり論理的な考察もしないで、ただ、行動だけに先走るのは、まるで的に焦点を当てないで力任せに弓を引き、長い矢をいたずらに放つようなものだ。これではいくら射ても的に当たらないどころか、届きもしない。だから、まず、知を優先させなければならないということになる。行いこそ大事で、学問などどうでもよいという者がいるけれど、そういう連中にとって、このことは戒めとなるだろう。

一方でまた、本を読んで理論を明らかにすることばかりに専念し、いっこうに実行しようとしない者もまたよくない。このような人間は、的の大小から遠近までぜんぶ理解していながら、実際に弓を引いて射たことが一度もないのと同じだ。この場合は、行動することを最優先させるべきで、とかく学問が主体となり、行動を怠っている者にとっての戒めとしたい。

ここまで述べてきたことは、つまり、私たち凡人は知と行のどちらかに偏ってしまいがちで、そのために不具合を起こしかねないという警鐘である。実際のところ、行いを捨ててしまえば本当の知とは言えず、また、知を捨てた行いは本当の行いとは言えないわけで、両者は分かちがたい存在だ。知と行が補いあってこそ真の知、真の行いをまっとうできるわけである。

孟子は三人の聖人を引き合いに出している。伯夷、伊尹、柳下恵《りゅうかけい》だ。それによると伯夷は清廉潔白、伊尹は責任感が旺盛、柳下恵は社交上手と、それぞれに長所を持っていておのおの力となっている。けれどもその部分だけが際だってしまっていて、それ以外は力不足のところもあり、総合的に見て調和していない。この指摘は、孟子がうっかり口にしたわけではない。あくまで孔子と比べてみて、という条件がつくのだ。

孔子という人物は、技術も力も、言い換えると知も行もともに完全だった。その孔子と比べてみて初めて三人がまだまだなと気づくわけであって、三人ともだめだと言うのではない。

では、孔子の弟子だった顔淵《がんえん》、閔子《びんし》、冉牛《ぜんぎゅう》はどうだったろうか。彼らは聖人の徳を備えてはいるけれど、その器量が小さいと言われている。それは、技術はあるものの、力が不足しているからだった。

また、同じく弟子だった子夏《しか》、子遊《しゆう》、子張《しちょう》といった人物は、ひとつの事には長じていた。彼らは力はあるけれども、技術が不足していたと言えるだろう。

後の世においても、道義を学ぶ人が孔子を最高の師と仰ぐなら、技術の面でも力の面でも努力を怠らず、知行の両方を発達させていくべきなのは当然だ。

柳下恵　中国、春秋時代、魯の賢者。

顔淵　中国、春秋時代の賢人で孔子の高弟。顔回でも知られる。

閔子・冉牛　同じく中国、春秋時代の賢人で孔子の高弟。

子夏・子遊・子張　中国、春秋時代の儒学者。孔子の門人。

とは言え、先輩について論じたり、人材を育成したりする際には、よほど慎重を期したい。人にはそれぞれできることと、できないことがある。すべての人が知行を兼ね備えるのはむずかしいからである。

十二月二十四日

万章　下　五章

いやしい身分でありながら、むやみに国政について大言を吐く者は、僭越なばかりか罪にあたる。反対に、高位高官でありながら、まっとうな道を歩めないというのは、恥ずべきことだ。


ある人がこう尋ねた。

「罪と恥とは、どっちが重いのか」

この質問に、私ならこう答えよう。

「罪は身にあるけれど、恥は心にある。だから罪よりも恥が重い」

今、官職に就いていない武士たちが、勝手に朝廷の政治を議論したり、幕府の官吏たちの悪口を言ったりしている。これは職分を超える許されない行為であり、罪と言える。

それでも、彼らの心を思いやるとすれば、国家の行く末を心配し、道義をどう示していけばよいかを明らかにしようとするむきもある。その点については深くとがめ立てするつもりはない。

ただ、こういう連中は、言ってみれば自分の田畑を捨て去ってよその田畑に押しかけ、そこで作物の手入れをしているように見える。あるいは、自分の不行き届きな点を差し置いて、他人の短所をそしるようでもある。こういう姿勢を、私は罪と見なすのである。

ところが恥というものは、また話が別だ。これはもっと大事な心の問題である。尊い地位にあって、俸禄をたくさん頂いていながら、道義をこの世の中で実際に行動で示すことができないとすれば、面目も何もあったものではない。恥と呼ばれるのは、こういうものなのである。

自分に有利なことは十分に受けているくせに、義が尽きてしまっているようなら、それは泥棒と同じだ。もっと言えば、罪は外に見える形で現れるけれども、その人間だけに限られる。これに対して恥は心の中に収まって、そとには現れない。だが、その害は人民にまで広がっていく。

だから、罪と恥と、どちらが軽く、どちらが重いかは言うまでもないだろう。

三月二十一日

告子　上　三章

人の本性は、生まれながらに備わっているものだ。

この「告子」上編の一から三章までは、同じ趣旨のことが記してある。それは第六章にある「人の性質は善にもなれば、不善にもなる」へとつながっていく。（「人間がまっとうな道を歩くことは、人間自身が意識して行うものである。それはたとえるなら、川のほとりに生えていた柳材を無理やり曲げて、曲げ物細工をするようなものである」と告子は主張した。これに対し、孟子はこう反論した。

「柳の木の本性はどんなものなのか。もともとの性質に従って曲げ物を作るのだろうか。それとも性質に逆らって作るのだろうか。もし、本性に逆らったと言うなら、それは誤りだ。人間の本性は仁義だ。仁義は、人が意識して作るものではない」

告子　生没年未詳　中国戦国時代の思想家。性善説の孟子と論争したとされる。

この孟子の主張は、言葉のうえで告子を論破したにすぎない。告子が柳の例を持ち出したのは、本当のところ、木を無理に曲げようとする行為について語りたかったのではない。

朱子が入れた注釈によると、告子の考えは荀子《じゅんし》の性悪説に基づいているという。だが、実際は、孟子の反論について朱子がそう後付けしたものだ。おそらく告子の本意は、性悪説とも違うものだろう。）

告子が柳のたとえ話を出して言いたかったのは、こういうことだろう。渦を巻きながら流れてゆく水は、導き方次第で、東へも西へも流れていく。人間の本性も、もともとは善悪の区別はないというのが真意だったのではないだろうか。

この告子の意見が孟子と根本的に違う理由について、朱子は、生と本性を混同していると分析している。これはなかなか面白い見方だと思う。告子はものごとの現象をもとに、この意見を述べている。そうすると当然、そこには善もあり、悪も混じっている。さらに善と悪とが作用していくところも見ている。だから、けっして空論ではなくて、実際に起こっている問題として本性を見ている。つまり孟子と、視点が違うだけなのである。

さて、後の時代のことだが、世の中には、告子の主張を都合良く断片的に引き

荀子の性悪説

荀子が唱えた、人間の本性は悪であり、たゆみない努力・修養によって善の状態に達することができるとする説。

合いに出して、孟子を批判する材料にする者がいた。とはいえ、ほとんどが穴だらけの論理で、きちんと考察したものではなかった。あるいは逆に孟子の主張を拡大解釈し、空しい議論をするような者もいた。

これらについては深く議論する必要はない。私自身は、こう思っている。人間の本性がなぜ善なのか、その意味を知るためには、考察を入念に行い、徹底的に問題を追及するという二つの方法を試みなければならない。

たとえば今、道徳に則った振る舞いをしようとしている。この行動を起こすもとになった感情が、つまり、性善なのである。ところがそれに続いて、どうしたら名声が得られるだろうか、どうしたら苦労せずに成功できるだろうかといった計算が働くようになる。これが現象としての欲である。

この欲をかなぐり捨てて、根本にある性善をもっと高めようと努めるなら、どんな場面でも道徳に則った行動ができることだろう。この努力を突き詰めていきたいものである。

今のこのご時世、どんな辺境に住む農民や老人ですら、野蛮な外国が私たちの国をなめてかかっているありさまを知って、腹を立て、悔しがっている。これが要するに、性善の現れた姿である。

ところが、堂々と構えているはずの征夷大将軍はもちろんのこと、諸藩の大名、幕府の老中、諸奉行、そして諸藩の家老から用人にいたるまで、要職にある者のうち誰一人として国のために身を捧げ、外敵を打ち払う行動に出ようとはしない。これはいったいどういう了見なのだろう。みんな保身ばかりに汲々とし、知恵の程度ときたら田舎の農民や老人にすら及ばない。

ただこれら庶民は傍観するしかなく、当事者に実際の行動をゆだねるしかない。そういう意味では、本質的に性善のままでいられるとも言える。将軍をはじめ、大名、老中、奉行などは、欲望が実際に形として現れてくる。そのため、本質的に性善が覆い隠されてしまっているのだろう。初めの頃は国を憂い、外敵を憎んでいた者が彼らの中にもいたはずだ。

ただ、戦争になると、これは一大事だ。子どもや女性、あるいは侍女などが数百人、場合によっては数千人もいたとしたら、この人たちをどこに逃がせばよいのだろうかと思案に暮れることだろう。珍しい書画骨董のたぐいは、どこに隠せばよいだろうか。そんな迷いがどんどん湧いてくるわけである。

ともかく鎧甲をかぶって窮屈な思いをするよりも、絹の布団をひっかぶってぬくぬくと寝ていたほうが気が楽だ。まずい兵糧を食べるより、珍味に舌鼓を打つほうがいいに決まっている。そうやって十年もたてば、俸給もいくらかは上がっているだろう。そこまで待たなくても、五年くらいで貯えもちょっとしたものになるだろうから、そうすれば家でも改築しようか。ついでに庭や池も手入れをしよう。

こうやっていちいち彼らの腹づもりを書き出すだけで、その醜さにうんざりしてしまう。これらはみな、欲が形に表れているのである。彼らは欲しか頭になく、堂々たる高位の人物ですら、農民親父や年寄りの足元にも及ばない。国を憂え、野蛮な外国を憎むということが根本的にできないのである。このところをじっくりと考えて、性善とは何かを知るべきだろう。

だが、「人間の性質は善というが、生理的な欲求もまた性質に属するのではないかと疑問を投げかける人もいる。(たとえばある人物の意見では、欲は心の働きであり、心は人がもともと持っている性質のことだと言える)。

また、国を憂い、野蛮な外国を憎む心の働きは、体の中から形として現れたものなのではないかという意見もある。(ある人が言うには、忠孝を実行するには、体があってそれを動かしてこそ成し遂げられるものだそうだ)。

それに対し、私は「いったいどうしてしまったというのだ」と、声を大にして反論したくなる。

自分でよく考えてみてほしい。耳、目、口、鼻、手足がなかったとしたら、いったいどこから声、色、味、香りの感覚を捉え、楽をしたいという欲が湧いてくるというのか。

また、もし、耳、目、口、鼻、手足がなかったら、国を憂い、野蛮な外国を憎む気持ちは起きないのだろうか。(耳、目、口、鼻、手足が機能しなくても、考えとして出てくるのが性質である。これに反して、耳、目、口、鼻、手足が機能して初めて起こるのが、からだの欲である)。

だから、こんなふうに考える者こそ、どうしようもなく粗雑で中身のない人間だ。まさしく、孟子の説く仁義を汚す者と言わざるを得ないのである。

三月二十五日

告子 上 十章

これこそ欲望に目がくらんで、人間本来の良心を失うということである。

胸がすくほど痛快で、あれこれ論じる必要もないのがこの章である。正座して、この章を音読してみよう。すると、もう、正義と勇気が心にみなぎってくる。ただし、ひとつだけ触れておきたい箇所がある。

それは最後の部分の「これこそ欲望に目がくらんで、人間本来の良心を失うことである」というくだりだ。ここでいう本来の良心とは、性善ということだ。いたみ、哀れむこと。不善を恥じる心。つつしみ敬うこと。道理にかなうかどうかを判断すること。これらすべてを兼ね備えている心を指している。

朱子は「本心とは不善を恥じる心のことを言う」という注釈を入れ、とりわけ恥の心を重視している。それは、この恥じ入る心こそ、まさしく本章の主題であるからだ。

それに関連して、二つほど物語を引き合いに出してみたい。

宋の文天祥《ぶんてんしょう》が敵方の元の陣地に使者として赴いたときのことだ。元の大将である伯顔《はくがん》は、彼を引き入れて対面した。するとその座に、かつて宋の家臣で、元に寝返った夏餘慶《かよけい》がいた。天祥は餘慶が祖国を売った罪を面と向かって責め立てた。

たまたま同じように元に下った呂文煥《りょぶんかん》も、その場に居合わせていた。彼は餘慶を弁護しようとしたが、天祥はそれを遮り、文煥のことも強く非難した。

「文煥よ。おまえや甥の呂師孟をはじめ一族の者たちは、国の厚い恩を受けておきながら、誰ひとりとして死をもって国恩に報いることはなかった。それどころか、一族を挙げて祖国に反逆したのに、今さら何をほざくというのか」

これには餘慶も文煥も恥じ入り、返す言葉もなかったそうだ。

一方、こちらは豊臣と徳川の二氏が天下を争っていたときのこと。徳川方の大将、石川数正《いしかわかずまさ》は、豊臣方から八万石を餌に誘惑され、ついに三河を逃げて大阪に行ってしまった。ところが豊臣氏からは、なんとも素っ気なくあしらわれてしまう。数正はそこで自分のしたことを恥じ入り、家から一歩も出ることができなかったそうだ。

文天祥
中国、南宋末期の政治家。

伯顔
元朝後期の将軍バヤンの漢字表記。

呂文煥
中国、南宋末期の軍人。

石川数正
戦国時代の武将。松平元康（徳川家康）の側近として織田や豊臣との連盟維持に活躍したが、小牧・長久手の戦い後に家康のもとを去って大坂に走り、秀吉に仕えた。

その後、豊臣と徳川の間に和睦が成立した。徳川家康公が京都に赴いた際には、石川数正と会ってはどうかと、秀吉公がじきじきに家康公にとりなしたという。

また、徳川方の井伊直政《いいなおまさ》が所用で大阪に出向いた際も、石川数正がその接待役を仰せつかった。むろん直政は、もてなしが終わるまでひと言も数正とは口をきかなかったそうだ。そして終わったところで、数正を指さして、同席していた人々にこう言い放った。

「あの男は人面獣心のたぐいだ」

夏餘慶も、呂文煥も、石川数正も、その時の恥ずかしさがどれほどであったのか、彼らの心を察してみよう。これほどの恥ずかしさを我慢するより、一刀のもとに義を守って死んだほうが、どんなに潔かったろうか。

死を快しとすることができるなら、名を後世にまでとどめることができただろう。だが、ひとつの義を欠いただけで、一生涯、恥ずかしい思いを背負って生きなければならない。ましてや、義を守ったからといって、死ぬとか滅びるとか決まっているわけでもないのである。もしもそれを否定するのなら、三十五万石の大大名、井伊直政のあの堂々とした近江彦根城を仰ぎ見てみればよい。

井伊直政
安土桃山時代の武将で、徳川家康に仕えた。小牧・長久手や小田原の合戦に勇名をはせ、関ヶ原の戦いにも功を立てた。

近江彦根城
滋賀県彦根市にある旧彦根藩の城。天守閣・天秤櫓・三重櫓・太鼓門などが現存し、天守閣と附櫓および多聞櫓は国宝となっている。

三月二十八日

告子　上　十八章

仁が不仁に勝つのは、水が火に勝つようなものだ。しかし、ほんのわずかばかりの仁で不仁に勝とうとする。これではたった一杯の水で燃えさかる薪を消そうとするのと同じだ。結局、火は消せなくて、水は火に勝てないなどと言い出す。つまり、仁は不仁に勝てないと言うのと同じだ。こんなことでは、わずかに持っている仁も失いかねない。

大志を抱く者こそ、この章を昼となく夜となく暗唱して、自らの志を励ましていただきたい。

私は囚人となっているけれど、これでも日本の運命の一翼を担っているつもりである。四方の海から迫り来る野蛮な外国を撃退したいと願っている者の一人なのだ。

こんなふうに私の志を語ると、みんなは一様にびっくりする。だが、この章を読んでみて、自分は間違っていないと、ますます確信を抱くようになった。もう、不安などあるはずがない。

今、私たちの国の勢いを盛んにし、四方の外敵を撃退するものは、仁道、つまり、人として守るべきまっとうな道である。一方、これを妨げようとするものは不仁である。仁については、孟子がこんなことを言っている。

「仁道は不仁に勝たないわけがない。もし勝てないとしたら、それは仁ではない」

だから、まず、自分自身、それから一家というふうに身近なところから手をつけていって、やがてひとつの村、ひとつの郷へと志を広げていけばよい。その志を同志から同志へと次第に語り伝えていくのだ。そして、いつか私の志に共鳴する者が日を追うごとに増えていったとしたら、どうだろう。一人から十人、十人から百人、百人から千人、千人から一万人、一万人から三万人（中国でいう三軍の人数）と、だんだん増やしていけば、もはや心細い数字どころではなくなるのである。

さらにこの志を、わが一身から子や孫へと伝えていくことができたなら、私たちが得た恩恵は、これから先、十年、百年、千年、そして一万年と、年を重ねると共にますます盛んになってゆくことだろう。

今、天下の情勢を見てみると、一見、平穏なようだけれども、多難な前途を予感させるものが見えないところに潜んでいるようだ。内にはらんでいるものは、いつかは必ず外に勢いよく飛び出してくるものだ。これは自然の摂理だ。

もしも今、急に多難な前途と、大きな危機が姿を現したなら、世の中は大混乱し、収拾がつかない状態になる。このような事態になったとしたら、一人わが身から三軍、さらには一人わが身から子孫へと伝えた志が、大きな働きをしてくれることだろう。そしてこの未曾有の混乱と危機を防ぎ、国を隆盛へと導いてくれるのだ。結果として、野蛮な外敵を蹴散らすこと間違いない。しかし、そのためのものごとの段取りは、今、直ちに立てなければいけない。

どうか、私のこの意見を読んだ人は、ただの大風呂敷と決めつけないでいただきたい。この言葉をでたらめに終わらせないよう、心を砕いてくださるなら、それは、私たちの国のために大きな幸運をもたらしてくれることだろう。

もしも大ほら吹きとののしるだけで、私たちの国が衰亡し、諸外国の横暴を平気で見過ごすなら、その罪は、逆賊になるよりもはるかに重い（「不仁に味方する者は甚だしい」と言うが、この「甚だしい」という字にくれぐれも留意していただきたい)。私は、このような人間とこの国に一緒に住むのが堪えられないのだ。

さて、この章の本意はどこにあるのだろうか。それはまさしく性質が善であること、つまり仁である。仁は、最後には、私欲という悪、つまり不仁に勝てるのだと、言いたいのである。

その点、朱子の以下の注釈は、的外れだと言わざるを得ない。

「仁は不仁に勝つものだが、仁が形となって現れるよう徹底することができなければ、不仁に勝つことはできない。だとすれば、結局、仁は不仁に勝てないのだなという印象を与えかねないし、かえって不仁を助けることを助長してしまうだろう」

これは論旨が的確ではない。とは言うものの、私がここで語っている内容も、孟子からさらに一歩踏み込んで論じている。その点においては、孟子が説く本意から離れていると言えるだろう。

四月三日

告子　下　二章

国のために一命をなげうつ覚悟があれば、技芸がなくても、その人物は立派な武士なのである。

「聖者も思慮を欠けば狂った愚者となる。狂った愚者もよく思慮をめぐらせば聖者になる」

これは、『書経』の中で周王朝について記した周書の多方編に出てくる言葉だ。本章の「人はみな堯帝にも、舜帝にもなれる」という言葉と一致している。

もっとも、これをたんに自暴自棄になっている人をなだめるための言葉にすぎないと解釈することもできる。だが、そういう見方は、孟子が言う性善説を無視したものだろう。

王陽明は、こんな風に説いている。

「聖人とは私欲がすっかりなくなって、その心がそのまま天の道理になった人

周書　中国の二十四史の一つで、北周の歴史を記した書。

物のことだ。重量が重いか、軽いかという問題ではない。いうなれば聖人は純金に似ている。それが重いか軽いかという違いはあるけれど、聖人としての価値そのものとは無関係なのである。

聖人とひと口に言っても、おのずから軽重の差がある。堯や舜や孔子のような聖人は百両の重さの金といえる。文王や周公は七、八十両、湯王や武王は五、六十両などというふうに、それぞれ重さが違う。けれどもみんな純金であることは同じだ。

私たちでも、もし私欲をすっかりなくし、天の道理そのものになったあかつきには、まあ、一両や二両の純金にはなることだろう。

それなのに、後の世の学問の徒ときたら、この点、つまり、自分を純金にしようと努力せず、いたずらに知識を習得することばかりに集中している。これはつまり、銅や鉄を混ぜて金の目方を重くしようとしているのと同じだ。そんなふうだから、学問をすればするほど聖人から遠のいていく」

(この説は『伝習録』に記してある。右記の内容は、私が覚えている限りでおおざっぱに語ってみたものだ)。

この王陽明が唱えている説はすこぶる明快だ。それなのに学問を学ぼうとする

『伝習録』 中国、明の思想家、王陽明の思想を伝える基本文献。

者はおおかた、銅や鉄を混ぜて目方を増やそうとする気持ちを抑えきれないようだ。大変嘆かわしいことである。

そのような実情を見ていて、私自身、ある決意を胸に秘めるようになった。そもそも人が人であるためには、私心を取り除くことが求められる。これがいわゆる聖学と呼ばれるもので、孔子や孟子の教えだ。その中でも特に修養の道を究めることが、私心を取り除くということだ。だから私は、これを学問をする上での根本に据えたい。そのほかの、たとえば、詩や文章を暗唱したり、文章作法を修めたりする以下のことは、一種の技芸と見なそうと思う。

とはいっても、弓を射ること、馬車を御すこと、書を上達させること、数を数えること。聖人であっても、こうした一連の技芸を修得することは避けては通れなかった。しかもこれらを学ぶ際には、かなり集中して取り組んだようだ。これが敬の道、つまり、一心に取り組むことにつながっていたからだ。

ただ、聖人は、しょせん技芸は技芸に過ぎないと見ていて、これが人の価値を形成するものだとは考えていなかった。

そういうわけで、この私も暗唱や文章作法の修養などについては、この程度のものと見なそうと思う。ただ、これらは続けても特に実害はないので、完全にやめるつもりはない。

さて、この考え方を、武士道について実践すると、どうなるだろうか。武士が武士であるための価値とは、国のために命を惜しまないということに尽きる。何も、弓馬や刀槍や銃砲の技芸が上手だからということではない。国のために一命をなげうつ覚悟があれば、技芸がなくても、その人物は立派な武士なのである。

反対に、いくら技芸が優れていても、国のために命を惜しむようなら武士ではない。ただ、武士が武士であるための価値を理解しているならば、技芸を鍛えるのも当然と言える。詩文を暗唱したり、文章作法を磨いたりすることも、同じような理屈で、当然必要なものとなる。けれども、それだけが学問だと思い込んで、知識をひけらかす者は、孝悌仁義《こうていじんぎ》、つまり人が人であるための基本がどこにあるのか、まるでわかっていない。

また一方で、世間にうとい儒学者たちは、知識を偏重するこのような俗学者たちをよく思っていない。そして詩文を暗唱したり、文章作法を磨いたりする技芸など、人を惑わす悪害だと決めつける。そうして俗学者らを異端者や邪説に犯された者と見なしたりする。彼らにとって学問とは、正座して瞑想にふける枯禅の境地に身を置くこと以外にないとまで思っている。これらの二者はどちらも、一方に偏った考えを持っているが、共通しているのは聖学ではないということだ。

真の聖学とは、人が人であるための価値とは何かを突き詰めることだ。これを主体としながら、残った力で詩文を暗唱したり、文章作法を磨いたりといった技芸を高めようとする人こそ、真の君主と呼べるだろう。

同様に武士についてもこう定義できる。つまり、本当の武士とは、国のために一命をなげうつ覚悟ができていて、そのうえで武芸にも秀でている人物だ。

『論語』の述而編にも、やはりこう記されている。

「まっとうな道を体得することを目標とし、人格を完成させ、仁愛を抱きつつ、さらに技芸を楽しむこと」

ここで言っている技芸とは、いわゆる礼・楽・射・御・書・数のことだ。具体的には、詩文を暗唱すること、それと武道において弓馬、刀槍、放銃を修得することと理解すればよい。

この章は、ゆっくり歩いて目上の人に従うか、それともさっさと歩いて目上の人の先を行くかによって、孝悌を身につけた人なのかどうかを区別している、そして、言葉遣いや所作によって、あの偉大な堯王となりうる人なのか、または堯のような優れた資質を持っているのかを区別している。

身近なものばかりを引き合いに出してはいるが、それぞれの理由を明らかにしていくと、人の本性の根本や人としての道の全体の姿も見えてくる。

ただ、心の問題を放っておいて、言行にばかり注目するのは正論とは言えないだろう。もし、孟子のこの議論ばかりに気を取られるとすれば、それは、こういうことになる。言葉を飾り立てて愛想良い表情を浮かべ、いかにも謙虚な人を装う者を見て、ああこの人は孝悌を身につけた人だと判断をしてしまうことだ。あるいは、堯や舜の再来だと思い込んでしまうことだと言える。

この誤りが高じてくると、義というものは外にあって、私たちの行動を規定するものだとか、道は人が作ったものだとか考えるようになるかもしれない。

そのため、朱子はこんな注釈を入れて警戒をうながしている。

「曹交《そうこう》が孟子にした質問内容は、お粗末きわまりなかった。たぶん彼は、孟子にお目にかかった際も、すいぶんと道理に外れたことを言ったり、変な振る舞いをしたに違いない。だから、孟子は曹交に目上の人のあとを歩くか、追い越すかといった議論をしたのだろう。また、言行や所作によって人物を区別する話をしたのである」

曹交が粗雑なのは言葉の上だけではなかったようだ。彼の言葉を通して、精神の粗雑さが想像できたのである。本章の初めに記された、曹交の質問にもそれがありありと伝わってくる。

「周の文王は身の丈が十尺あり、殷の湯王は九尺あったそうです。私の丈は九尺四寸以上もあるのに、無能な穀潰《ごくつぶ》しにすぎません。どうしたら、堯や舜のようになれるでしょうか」

この質問は、上編の第七章にもあったように、「足の大きさも、口や耳目も、天下人たちはみな凡人とほとんど変わりはないではないか」というたとえ話と中身は同じだ。

つまり曹交がなぜあまりに粗雑な発言をしたのかと判断するわけは、文王が十尺で、湯王が九尺など背丈を引き合いに出した幼稚さではない。そうではなく、彼の言動には、自分も堯や舜のような人物になりたいという気迫がまるで感じられない点だったわけである。

この際だから、さらに議論を進めよう。梁《りょう》の襄王《じょうおう》は孟子に会うといきなり「天下はどう落ち着くでしょう」と尋ねた。この襄王と曹交とを比べ、優劣を推し量ってみよう。襄王は小才はあるけれど真心に欠ける。一方、曹交はどうしようもなく鈍い男だが、多少の真心だけは持ち合わせている。私の考えでは、襄王は

十尺
古く中国から伝来し、以来日本で使われてきた度量衡単位系。1尺＝10／33m（≒30.303cm）と決められている。

行動すれば必ず過ちを犯す人間であり、曹交はさほど大きなヘマはしないことだろう。

　遙か昔の人のことをこうして抽象的に評してみても、意味のないことはわかっているつもりだ。けれどもまっとうな道を究めるための、手立てのひとつにはなるかもしれない、

四月三日

告子 下 四章

利益のことばかり口にする必要はない。

利益と仁義の問題について、この章では述べている。「梁恵王」上・首章と同じ主題だ。これは孟子が一生をかけて向きあった、仁義を優先するという不動の理論である。

「戦争は自国の利益にならない」と宋牼《そうこう》は主張した。この言葉の根拠は、かりに最後は戦いに勝ったとしても、その過程で兵士の士気は鈍り、精鋭部隊ですらもくじける。そして兵力から財力まで、ぜんぶが尽きてしまうから利益にならないということだ。（これは『孫子』の作戦編でも述べられている）。まして必ず勝つ保証がないのが戦争なのである。

そのうえこの宋牼が生きていた当時、秦と楚の両国が相まみえるとすれば、これは二匹の虎が死力を尽くして戦うようなものだ。兵隊たちは続々と繰り出さ

『孫子』 中国、春秋時代の軍略家およびその著書名である兵法書。

れ、疲弊していく。その間、韓《かん》、魏《ぎ》、斉《さい》、趙《ちょう》といった国々がそこにつけ込んでくるだろう。そうなればもう、取り返しのつかない一大事といっても過言ではない。だから宋牼は、戦争を避けようとして王たちに進言した。

孟子もまた戦争に反対の立場を示している。けれどもそれは仁義に反するという理由からであり、宋牼の功利に立つ見方とは異なっていた。どういうことかと言うと、戦争は家来たちを危険な目にさらし、諸侯からは恨みを買い、領地を荒らす。そして人民は疲弊してしまう。これはまさに仁に反する行為だ。この観点から孟子は、戦争をしようとした王に訴えた。そして王の仁の心を奮い起こさせようとした。また、どんなわずかな土地だろうと、不義の手段で奪ってはならないと説き、王の義心に訴えたのだった。

ところが昔から今日まで、戦争について論ずる者は、孟子とは対照的に、みんな功利という見地からしか判断せず、仁義については一顧だにしないようだ。この傾向は、今日、最も大きな弊害として表面化している。

実のところ、仁義に則るほど利益を招くものはない。また、利益を優先するほど不利なものはないのである。近頃のロシアやアメリカの日本に対する態度や、それに対する日本の反応からその弊害を知ることができるだろう。

四月十五日

告子　下　九章

今日の良き家臣は、いにしえの民にとって賊である。

この章では、孟子が憎むべき家臣について触れている。だがそれは、「土地を開墾して税金の増収を図り、倉庫をいっぱいにしてみせる」、「他国と同盟を結び、必ず戦争に勝ってみせる」と言ってはばからない、一見、君主思いの家臣たちの態度を非難しているのではない。

そうではなく、「君主が聖賢の道を目指さず、仁愛を志そうとしないのに、これを正そうともしないこと。そしてひたすら君主の富を増やすことばかり算段すること。また、そのようなくだらない君主のために、戦うことばかりで頭がいっぱいになっていること」だという。

この章で言いたかったことは、はじめから注意して読んでいかないと、なかなか頭に入ってこない。だが、そこは配慮してあって、結びにこうはっきりまとめである。

「今風のやり方に従うばかりで、その習俗を改めようとしないなら、たとえ天下をすべて君主に献上しても、人民が心服しない。そうすると、長くは国の安泰を保てるわけがない。君主の位すらあぶなっかしくって、いつまで持つかわかったものではない」

では、そんな今風に従うことなく、習俗をきちんと改めたらどうなるのだろうか。前章に記されていたこの一文が手がかりになるかもしれない。

「春秋時代の五人の覇者は、いずれも武力によって王となった。だから夏、殷、周の時代の仁義によって徳治政治をした三人の王から見れば、彼ら五人は罪人である」

またこの章にはこんな説が述べられている。

「君子が君子としての役目を果たすためには、君を導いてまっとうな道から逸れないようにし、どんなときも仁愛を志すようしむけるだけでよい」

この二つの説をもとに考えてみれば、大本のところがはっきりしてくる。そして、この根幹さえ確立できれば、枝葉の部分は自然とついてくることだろう。

つまり、先ほどの三人の王の仁義の道を中心に据え、五人の覇者の富国強兵策を参考にすればよいのだ。そして君主を道にかない仁愛に志すようにしむければ、最初に記した「主君のために増収を図る家臣」も「主君のために戦争に勝つ家臣」もまた役に立ち、なくてはならない存在になるのである。

「離婁」上編第十四章に、「戦上手は極刑に処すべきだ。また、諸侯を連合して野望を遂げようとする者は次に重い刑を与えよ。そして荒れ地を耕して民に割り当て、税収増を図る者は三番目に重い刑を課すべきだ」と記されていた。

また、「尽心」下編第四章で、孟子は、「自分こそは戦陣を巧みに整え、戦上手であると得意そうに言う者がいるけれど、これは大きな罪悪にあたる」と記している。

そして、先ほどの三人の王について、「土地を丹念に耕していて、田畑の手入れが行き届いている」のを喜ぶのが天子であると規定している。また五人の覇者については、「盟約をしたからには、お互い仲良くしなければならない」と、その誓いについて言及している。さらに「公孫丑」下編首章では、「徳のある君子は戦わないことを選ぶ場合がある。だが、ひとたび戦ったなら、人の和を得ているから、必ず勝つ」と記してある。

また、「梁恵王」下編第三章では、文王、武王という二人の勇者を讃えている。ほかにも「燕を伐つ」について論じたいくつかの章を見れば、孟子が武力を用いた政策をまったく否定しているとは考えられないのである。もし、孟子が志を得て政治を担当することになったとしたら、間違いなく富国強兵の策を取ったことだろう。そして戦争の巧者を上手に使いこなしていったに違いない。

つまり孟子が憎むところとは、まっとうな道に従わず、仁愛を志さないことであって、君主としての根本をないがしろにしている点を突いているのである。この主張は、五穀と、トリカブト（鳥頭《うず》）やダイオウ（大黄）といった薬草を例に出して説明することができそうだ。

人を養うのに、五穀にまさるものはない。病気を治すときにはトリカブトやダイオウが適している。だからふだんは五穀で人を養い、いったん病気になったら薬草類を用いるようにすればよい。

さて、ここに一人のやぶ医者がいるとしよう。彼がトリカブトやダイオウを健康な人に勧めて、つねにこれを服用させたとしたら、勧められた者はたまったものではない。こんな医者がいたら、それこそ大罪というものだ。

また、良医がいたとしよう。彼はこの貴重な薬草を薬籠の中に保管しておいて、むやみには使わない。患者の病気を診て投薬すべき時期を判断し、そのうえ

五穀
　中国、日本、朝鮮などで主要な五種の穀物をさす言葉で、ふつうは、米・麦・粟・黍・豆をいう。転じて穀物の総称としても用いる。

トリカブト（鳥頭）
　古くから観賞用に栽培されるキンポウゲ科の有毒の多年草で、薬用に用いる。

ダイオウ（大黄）
　タデ科の多年草で瀉下作用があり、生薬として使用される。

でこれを与えてすばらしい効果を上げる。こうなれば、良医の大手柄と讃えるべきところだろう。

もうおわかりだろう。仁愛とまっとうな道とは、まさに五穀のことである。そして、富国強兵を成し遂げ、戦争上手なのは薬草にあたる。真の王者とは、この良医のように五穀によって人を養い、薬草を用いて病気を治すものだ。

ところが、世の中のありふれた君主は、だいたいやぶ医者のたぐいである。だから、五穀を与えることなく、薬草だけ施して人々の健康をそこねてしまう。こういうたとえを頭の隅に置いて孟子の議論を見てみれば、その言わんとすることもおのずから理解できることだろう。

こういった話題はいかにも古くさく感じられるかもしれない。ところが、今の世の中を見ると、案外、当てはまるのだ。私が見るところ、今日、富国強兵を画策する者は、もうひたすら功利主義に流れている。おおよそ王道など、みじんもわかってはいないようだ。そのため、結局は日を追うごとに兵力は衰え、国もまた存亡の危機に陥ろうとしている。

また、王道を説く側の者たちも、性根のくさった儒学者、頑固者のたまり場のような存在になっている。彼らは昔のことにこだわりすぎて、今の時勢にはまったく通じるものなど持っていない。しかも、仁義の大道を明確に示して人々の心を正しい方に向けようなどとは望んでもいない。ということは、日常、人として守ってゆかなければならないことなど、平役人や武士が簡単に判断できる問題ですら明確に答えることができない。ただ、何もなしえず、世の中の人から失笑を買い、馬鹿にされる始末だ。

私は、このありさまに憤慨するあまり、こんなくだらない議論を投げかけたのである。読者のみなさん、どうかよく考えてみていただきたい。

四月十五日

告子　下　十五章

困難に立ち向かうことでより成長できる。安易に流れると成長できない。

私は米国に渡航を試みて果たすことができず、罪人となった。江戸の牢屋につながれると、私の師だった佐久間象山先生もまた関連があるという理由で捕らえられることになった。象山先生は私のとなりの部屋に入れられ、板壁一枚で隔てられていた。

獄中には『四書』が置いてあって、象山先生はその中の『孟子』を昼となく夜となく朗唱しておられた。なかでもこの「告子」下編十五章は、一日に一度は声にして読んでおられたのを覚えている。象山先生は後に、この章についての所感を記された。その一文の大意はこうだ。

「掘り出されたばかりの玉が、磨かれてすばらしい装飾品になる。鋼鉄が鍛えられて名剣となる。だが、そうなるためには、身を削り、叩かれ、大変な苦しみ

『四書』　儒教の経典である四つの書物『大学』『中庸』『論語』『孟子』を指す。

を受けなければならない」。それから、こう続く。

「自分も十年以上にわたって、海防がどうあるべきかについて苦労してきたが、そのために今、こうして獄中に囚われの身となった」

このように、これまでの過程について述べている。

「これは天が大きな任務を下していると受け止めたい。だからもっと苦労し、努力を重ねて天に報いなければならない」

このような趣旨が、とても美しい文章で書かれていた。

私も、この一文を書き取って、自らをはげます言葉とした。だが、出獄するとき、この写しを持ち出すことは許されなかった。今、その全文を正確に紹介できず残念だ。ただ、その主意は胸の中にしっかりと刻み込んであったので、死んでも忘れることはない。

また、私が野山獄にいたとき、友人の土谷《つちや》松如《しょうじょ》が明の遺臣と言われる徐《じょ》俟《し》齋《さい》の『居易堂集』を貸してくれた。その中に「潘生《はんせい》次耕に与える手紙」という一文が収められている。これはひと言でいうとこう集約できる。

「天が才能ある人物をこの世に使わすことは多い。だが、才人を教え、育成することは難しい。たとえば、春や夏に草花や木々が枝葉を広げるのは、才能が芽

土谷松如　幕末の武士で萩藩士。土屋蕭海が号、矢之助が通称。

生えることを表している。しかし、桃やスモモのたぐいは、やがて秋になり冬を迎えると、みんな落ちてしぼんでしまう。ところが松や柏だけはそうではない。雪の中で一層、青々と鮮やかである。これは、才能が成就したことを表している」

人間の才能もまた同じだ。この世の中には、あふれる才能を持った若者がたくさんいる。彼らはじつに身軽で鋭い志気を持ちあわせ、大いに期待を抱かせてくれる。そんな彼らも、苦労や難題を経験するうちに、だんだんと鋭気がかすんでくる。あげくは、つまらない俗人となってしまう者がほとんどだ。けれどもほんのわずかの人間だけは、艱難《かんなん》や辛苦《しんく》に堂々と対処し、ついに才能を開花させる。彼らこそ本当の志士と言えるだろう。

このように見ていくと、霜や雪は桃李をしぼませるけれども、松や柏をますます立派に成長させることに気づく。同じように、苦労や難題は若者たちの身軽で鋭い志気をくじいてしまうが、同時にそれは志気を奮い立たせる要因ともなるのである。

以上、これもうろ覚えではあるが、ざっとこのような趣旨だった。私には才能もないが、幸い象山先生の門弟だった。また、先ほどの徐氏の一文も読んだ。だから、桃やスモモのような末路を迎えて、松や柏には笑われたくはない。もっと磨き、さらに鍛えて、名玉や名剣となる。それだけである。以上が、この章で感じたことである。

それはそれとして、孟子はこんなふうにも言っている。

「内には、法律を重んじる代々の家臣や、主君を補佐する賢い家臣がいないとしよう。そして外には災いを及ぼす敵国がないような国だとしたら、安逸にどっぷりつかって滅んでしまうことだろう」

個人の問題から一転して国家の規模へ話を広げているが、この点は、しっかりと受け止めるべきだろう。

私はこう思う。内に法律を守る代々の家来や、主君を補佐する賢い家来がいると前提する。そこに敵国や外圧があるとすれば、かえって国は強く盛んになるだろう。けれども、そうしたすぐれた家来がいなければ、外圧に屈し、国は滅んでしまう。

さて今、敵国や外圧がないとは到底言えない。とすれば、こうした家来がいるかどうかが、まさしく私たちの国の興亡の鍵を握っている。じつに背筋が寒くなる状態なのである。

五月十四日

尽心 上 首章

人間の心を形作る仁、義、礼、知の四つをくまなく広げることができれば、人間の本性が善であり、それは天から授かったものであると気づくだろう。

ここで言われている「その心を尽くす」とは、自分の心いっぱい、限界まで行い尽くすという意味だ。力を尽くすと言えば、十五貫目までの荷物を持ち上げられる者は、十五貫目の荷物を持つこと。二十貫目までの荷物を持ち上げられる力がある者は、二十貫目いっぱい、いっぱいまで持つということだ。この例から「心を尽くす」という意味を考えてみると良いだろう。

残念ながら今の人は、決して心を尽くそうとはしない。自分の心いっぱいとはどのくらいなのか、その限界に気づかないのである。

心を尽くすことができれば、歴史の見方も変わってくる。あの堯帝が、人民を

十五貫目
貫は、尺貫法における質量の単位。明治時代に1貫＝3．75kgと定義された。

どれほど立派に治めたのか。あるいは舜帝が、どれだけ真心を尽くしてわからずやの父に仕えたのか。また、孔子がどんなに精魂を傾けて大道、つまり道徳の根本を明らかにしたのか。彼らが残したものはすべて、心の外の問題ではなく、自分の心をいっぱいに尽くしたのだということが、わかってくるだろう。

もし、ほんの少しばかり修行をし、ちょっとだけ仕事をし、あるいはまねごと程度の忠孝につとめたとしよう。それでいて、「私は心を尽くした」と満足するのは、自分の心に大きくそむく者だ。

そもそも、こういうやり方はいかがなものか。まずはひとつのことをやって、次は二つだけやる。そして三つ、百、千とやっていくやり方だ。あるいは、一日より二日、三日より百日、そして千日と、毎日だんだんと努力の度合いを増していったらどうだろうか。果たしてこれは「心を尽くす」ということになるだろうか。

私はそうは考えない。初めからひとつのこと、一日目、心を尽くしてやるべきなのだ。ただ、心いっぱい尽くすといっても、そのいっぱいとはどの程度なのか。それがわかっている必要があるから、「人間の本性を知るべきだ」と孟子は言っているわけである。

「性」とは、人が生まれつき持っているものだ。それはつまり孟子が言う仁、義、礼、知を指す。この性はもともと善なるもので、悪の要素はまったくない。聖人であろうと、私たちのような凡人であろうと同じだ。

人がこのような性を備えているということを本当に認め、心に刻むなら（知るという字を深く考えてみよう）、あることに気づくはずだ。それは、本性の中にこの世のすべての善が含まれているということだ。だから、心を一杯に尽くすことができるのである。

また、「この本性を知れば天を知る」とも記されている。ここで言う天とは、青々とした空ではなく、道理を指している。だからこのような本性を知り、真に心を尽くせば、この世の中の道理はまた、心の外側にあるのではないことがわかることだろう。したがって、天下の道理は、心を尽くしさえすればことごとく自分で所有することができるのである。

王陽明はこう言っている。

「知とは、知府（府知事）、知県（県知事）の知と考えてみればいい。府知事ともなれば、ひとつの府をまるごと大きなことも小さなこともひっくるめて自分の責任となる。

また県知事となれば、ひとつの県のことは大小にかかわらず、ぜんぶ自分の責任となる」

この意見はなかなかおもしろい。天を知れば、天下の道理はぜんぶ自分が責任を持って掌握することになる。また、本性を知れば、自分の本性をすべて自分が責任を持って掌握することになるからである（性を知らなければ、自分に善の性質があっても、自分のものになり得ない）。

私はここまできてようやく、深く感じ入ることができたようだ。人間はだれしもこの本性を持っているし、この心がある。とするなら、この天も同様にわが身の外側にあるのではない。だから、わが一身の抱負もまた、盛大で、そして雄偉であるべきなのだ。

しかし尽くすこともなく、知ることもなければ、せっかく偉大なこの人間も、虫けらや草木や動物のたぐいに成り下がってしまう。そうなれば、せっかく勢いがさかんで雄々しい抱負も本性も心もみんな何の役に立つこともなく、持ち腐れになってしまう。なんともったいないことではないか。

こう考えると、学問も、仕事も、一日として怠けてはならないのである。

さて次に、「心を失わないように努め、人間の善い本性を養い育てていくのは天の意思にかなっている。したがってその行為は、天に仕えることになる」という一節について語ってみたい。

この一節は前章から続いている内容だ。「心を尽くす」ということは、この上なく立派な心がけだ。けれどもこれは大聖人といわれる堯、舜、周公、孔子といった人物がようやくなしえたことである。なかなか凡人は、そこまで到達することはできないだろう。そこで、「心を尽くす」境地に到達するまで、段階的に捉え直せばよいだろう。

つまり、私たちが心がけるべきことは、「心を失わないよう努める」ということだ。朱子は、これについて「取っておかず」と説明している。彼が言おうとしたのは「この心を放散してしまわないように」ということだ。朝から晩まで、飽くことなく胸の中で考え続けなさいと言っている。この努力を積み重ねると、やがて「心を尽くす」に到達できるのである。

さて、「本性を養う」の「養う」は、子どもを養うという意味がある。子どもを養うには、懐に入れて暖め、乳をたっぷりと飲ませ、病気にならないように気をつけ、いろいろな心配りをしながら、長い時間をかけて育てていくものである。こんなふうに愛児を養うように、自分自身の本性を育てていくことで、最終的に本性を知ることになるのである。

また、「天に仕える」とは、道理に仕えると言い換えられる。仕えるとは、もちろん、君主や父に仕えるのと同じだ。道理を大切にして、これに従い、かりそめにも道理に背くようなことのないよう心がけること。この努力が実を結べば、「天を知る」に至るのである。

おわかりのように、「心を失わないよう努める」「本性を養い育ててゆく」「天に仕える」ということは、三つとも前章にある「尽くす」や「知る」のすぐ手前の段階なのである。

考えてみると、「仕える」とは、天と自分という二者の関係だが、「知る」といえば、天と自分とが一体となることである。この考え方は、朱子が入れた注とは少し異なるけれど、私はこのように推測している。王陽明も私の考え方に近かったと記憶している。いずれにしろ、この問題は、また、他の書物も引用しながら改めて考えてみたい。

「人には寿命が短く若くして死ぬ者もいるし、長命な者もいる。しかし、そんなことに疑いを抱いてくよくよしても始まらない。ただ、ひたすら自分自身の修養に努めればよい。その後は天命を待つこと。それが天命をじゅうぶんにまっとうすることなのである」

この最後の一節について語ってみたい。天命に任せるわけだから、これは「人為的に、命をいい加減に扱わない」ということだ。私は、この点について、かねてから思うことがある。

かつて私は病気持ちの身だった。当時は、よく三分利良哲《さぶりりょうてつ》を尋ねて治療をしてもらっていた。その良哲の家には屏風があって、「人事を尽くして天命を待つ」と書いてあったのを今も覚えている。このとき私は、初めてこの言葉が医療に携わる者を啓発するものであると知った。思うのだが、「死生命あり」などとうそぶいて治療を受けげず、また医者にかかるにしても、養生や薬の服用を心がけないで、あげくに死んでしまう者がいる。

これは一見、「短命なのか、長命なのかなど、そのようなことは疑わず、天に任せる」とも言えそうだ。しかし、「ひたすら修養に励んで、その後は天命に任せる」姿勢とは、どうもかけ離れている。

また、きちんと医者にかかり、養生もしっかりとしたのに結局、寿命が尽きる

三分利良哲
萩の医師。

こともある。そのとき、ひどく未練がましく醜態をさらけ出したとしたら、これもまた、「ひたすら修養に励んで、その後は天命に任せる」姿勢ではない。また、こういう人間は「寿命を疑わない」という意味をまったくわかっていないと言えるだろう。

私の親友に清狂《せいきょう》という僧がいる。彼は「種痘《しゅとう》の詩」という一文を書いている。その中にこんなくだりがある。

「西洋の医学は神の業よりも優れていて、天然痘の種を植え付けて人を若死にから救うという。だが、これは大たわけの言うことだ。人の生死は、もともと天命が支配しているものである。それをまったくわかっていない。この原理をねじまげて、牛の膿を人間のからだに移して、これを種というなど、まったく情けない」

私はこの意見に対して、こう反論したい。

「種痘は人事を尽くすひとつの方法だ。こんな優れたやりかたを排除して、ただ、生死は天命に任せればよいと主張するのはおかしいではないか。わが身を修めないで、ただ天命を待つのと同じようなものである」

いつかこの件で、清狂と語り合ってみたいと思う。

清狂　幕末に攘夷論を唱えた浄土真宗妙円寺の僧、月性の号。

種痘　痘瘡に対する免疫をつくるための牛痘を用いた予防接種。1796年に英国の医師ジェンナーが発明した。

天然痘　痘瘡ウイルスの感染によって起こる悪性の伝染病で、かつては世界的に猛威をふるった発疹性の急性感染症。

ところで、「夭壽不貳《ようじゅうたがわず》（寿命を疑わない）」の四文字は、とても良識ある言葉だ。私も大賛成である。若くして死のうと、長寿をまっとうしようと、どちらも自分の心ではどうにもできないものである。

しかしこの意味を取り違えている者も中にはいるようだ。たとえば、「自分はもう年を取ってしまった。いまさら学問でもあるまい」という者。あるいは、「はかないこの五十年ばかりの浮き世に、仕事であくせくしたくはない」と考える者。さらには、「悟りを開いた心境だ」という者や、「すっかり怠け癖がついて反省すら忘れてしまった」という連中だ。彼らの言い分には多少の優劣があるようだが、みな「天命をまっとうする」ことの意義を知らないし、「天寿を疑わない」態度とはほど遠い。

人はたった一日でもこの世に生きていれば、一日分の食事をし、衣服をまとい、住居にいる。だから、一日分の学問や事業に励まなければならないのである。人生は旅館に例えられる。茶屋や宿屋に泊まったら、茶代や宿代を払うのは当然だ。

この天地もまた万物を宿す旅館のようなものだ。私たちは衣食住をはじめ、さまざまな天地の恵みを受けて生きている。その恩に報いようとしないのは、まさしく天地の盗人だ。万物の木喰い虫と同じである。茶代や宿賃を払わないで、旅館に泊まって出ていくようなものである。恐れ慎まなければならない。

私は安政元（一八五四）年、渋木松太郎《しぶきまつたろう》といっしょに伊豆の下田の牢獄に捕らえられ、たった半坪ばかりの部屋に二人で寝起きする羽目となった。ただ、幸いというか、日がな一日何もすることがない。それで番人に頼んで、『赤穂義臣伝』『三河後風土記《みかわごふどき》』『真田三代記』など、何冊かを差し入れてもらい、二人で読み合ったのである。

そのときは二人とも死罪を覚悟していた。今日のような寛大な措置を受けようとは、夢にも思っていなかったのである。私は獄中で渋木君にこう言った。

「この獄中で行う毎日の読書こそ、まさに真の学問というべきものだ。昔、漢の夏侯勝《かこうしょう》と黄覇《こうは》の二人が投獄されたことがある。その際、夏侯勝は儒学者だったから、黄覇は彼に学問を授けてほしいと頼んだ。すると勝は、まもなく死罪になる者に学問などいらないだろうと答えた。ところが覇は、『朝、心理を知ることができたなら、その夕方死んでもいい』という言葉もあるから、ぜひ教授願いたいと言った。勝も彼の言葉に感動して、とうとう講義を始めた。その学びは獄中で三年間も続いたそうだ。そしてのちに恩赦を受けて二人とも出獄でき、ふた

渋木松太郎　幕末の尊攘運動家。江戸に出て萩藩邸に仕えた。松蔭の門人、金子重輔の変名。

『赤穂義臣伝』『三河後風土記』『真田三代記』　歌舞伎・浄瑠璃の外題、講談。

たび官途についたという。

この二人は、牢獄の中で、後日の大赦など夢にも思ってはいなかった。それなのに、まっとうな道をこのうえなく楽しみ、学問に夢中になったのである。だから、わたしたちも、この勝と覇の二人の心意気を手本にしようじゃないか」

渋木君もこの言葉を聞いて、とても喜んだ。私は今、この章を読んでみて、あのときの意見と暗に合致していることを嬉しく思う。と同時に、渋木君がほどなく獄死してしまい、もういちど一緒にこの章を読み解き、語り合うことができないのが悔やまれ、涙が流れてくるのである。

それに、考えてみると「殀壽不貳《ようじゅうたがわず》」と言えば、ほとんどの人が「殀（若死にすること）」だけに目を奪われがちだ。これに関して言うなら、先ほど述べた通りだ。そこでこんどは、寿（長生き）ということについて、日頃心に引っかかっていることを述べてみよう。

今日の学生の中には、自分がまだ若いことを心頼みにして、なんでもかんでもそのうちやればいいさと、月日を繰り延ばしする者も多い。だが、しかし、私はこう言いたい。

「人生なんて、白い馬が壁と壁の間の細い隙間を駆け抜けるのを、ほんの一瞬だけ見るように、あっけないものなのだ」

たとえ百年生きたところで、本当にはかなく感じることだろう。ましてや、五十や七十にもならないうちに死んでしまう者がたくさんいるという認識がない。しかも朝露のようにはかない命の身でありながら、いつ起こるともしれない災いや苦しみが待ち受けているのである。たった一日ですら心許ないこの浮き世なのに、どうして後回しばかりし続け、長寿を当てにして、ぐずぐずしていられるのだろう。この道理を世間の人々はまったくわかっていない。

私がそう述べたとき、牢獄に居合わせていた高洲滝之允《たかすたきのじょう》は二十二歳。隣人の佐々木梅三郎《ささきうめさぶろう》は十七歳。徒弟の玉木彦介《たまきひこすけ》は十六歳。それに私が二十七歳だった。私たちはお互いに、くれぐれも若いからと油断してはならないと励まし合ったものである。

高洲滝之允　松蔭の従弟。
佐々木梅三郎　松蔭が幽室で『孟子』を講じた時以来の門人。
玉木彦介　叔父である玉木文之進の嫡子。

五月二十日夜

尽心　上　二十章

君子には楽しみが三つある。だが、王となることは、その中に含まれない。

伊藤仁斎《いとうじんさい》は『孟子古義』という本の中で、本章の主題についてこう説明している。

「三つの楽しみどころか、ひとつの楽しみでもあれば、天下の王になる楽しみを提示されたとしても、取り替えようとは思わない」

落ち着いて考えてみるなら、私など本当にもったいないくらい幸せな人間だ。孔子のような聖人も、周公のような聖人も、兄弟の間がしっくり行っていなかった。と言うのも、幼くして父母を失ってしまっていたからである。

天子の地位の尊さにも、また、陶朱公《とうしゅこう》の莫大な富にも代えることのできないものとは、「父母が共に健在で、兄弟が無事で元気でいる」という孟子が言った第一の楽しみなのである。この楽しみに気づかず、毎日をのほほんと暮らすのは、

伊藤仁斎
江戸中期の儒学者で、古義学派の創始者。

古義
言葉・文章などの古い意味、古い時代の解釈。

陶朱公
中国、春秋時代の越王勾践の臣、范蠡の別称。

天地神明に背く罰当たり者だと言わなければならない。

孟子が第二の楽しみに挙げているのは「天にも人にも恥じるところがない」というものだ。これは私たちのような罪人が軽々しく口にできることではない。ただ、この野山獄に幽閉されていることは、世の中の多くの人々が恥であるにもかかわらず、私にとってはむしろ誇らしくさえある。だから、自分の心を恥じ入らせるようなことは、天下に何ひとつないのである。

もちろん、まったく反省していないというわけではない。こうして世間から隔てられた監獄の奥深くは、ひっそりと一人慎むのにはうってつけだ。こんなときこそ恥について考えるべきなのである。だいたい、他人に向かって押しつけがましく意見をぶつけあうような場面では、恥に思い至ることなどできない。

第三の楽しみは「天下の英才を教育する」である。これは、私たちのような無学で教養のない者が味わえる楽しみではない。まして囚われの身にとっては望むべくもない。

しかし、この幽閉された暮らしに慣れてくると、少しばかりは自ら悟るところもある。普段、志が足りなかったところを補い、また、いつか罪を許される日がきたとしたら、そしてそのときまで命があったとしたらの話ではあるが、そうなれば、この英才を育成するという役目も、まったく無理だとあきらめてしまうこともないだろう。

大事なことは、第一と第二の楽しみを味わって、第三の楽しみについては、これはもう天命に任せるだけである。『論語』の冒頭にもこう書いてあるではないか。

「学友が遠方から尋ねてくれた。なんと楽しいことか」

一緒に学んだ頃より、お互い学問もさぞ進んだことだろうというわけで、楽しみはこうして将来にも期待できるのである。それにしても、君子はなぜ英才を教育するのが楽しみなのだろうか。もちろんそれは、自分の才能や徳のある行動を見せびらかしたいからではない。

君子は後世に対して責任を負う立場にある。たとえ自分が王の位に就いたとしても、英才を教育して彼らを育てることができなければ天下を治める道はない。後世に道を教える手立ても閉ざされてしまうのである。

反対に、英才を教育することができたなら、自分自身は王にならなくても、後世に必ず誰かが、英才に教えを求めってやってくるはずだ。

天下は生き物だ。今は治まっていたとしても、後世は乱れることもある。ま

「学友が遠方から尋ねてくれた。なんと楽しいことか」
朋有り遠方より来たる、亦た楽しからずや。

た、今、衰えていても、のち勢いを盛り返すことになるかもしれない。治乱、盛衰の際こそ、英雄や豪傑が登場して力をふるうべきだ。けれども、自分が運良くそんな大変な経験をすることなく、そんな任務に当たらずに済んだとしても、天下は広い。遠い後の世に、必ず誰か、その大任にふさわしい者が登場するはずだ。

だから、私が英才を集めることができて、彼らを教育したなら、その英才の中の誰かが、時代の求めにうってつけの人物になるだろう。これが私の志であり、まさしく、君子の楽しみなのである、

五月二十三日夜

尽心 上 二十五章

聖人の舜と大盗賊の跖との差は、利を得ようと企むか、善を行おうと努めるかにあった。

この章は、前の章にあった「ひとつひとつの徳を完成させていかなければ、聖人の域に達することはできない」という考えを受けて、実際、どう工夫すればよいのかについて記してある。

と言っても、「鶏の鳴き声と共に起き出して、せっせと善いことをする」という句に、すべてが込められている。工夫のしかたとは言ったけれど、これ以外には考えられないし、付け加えることもないのである。

この章に書いてある善と利との違いは何だろう。それは次の章の楊子《ようし》と墨子《ぼくし》のそれぞれが掲げる考え方を説く手がかりにもなる。

「ひたすら自分のために行動することを主義に掲げた」のは楊子だ。利の立場

楊子 中国、戦国時代前期の思想家、楊朱の尊称。

墨子 中国、戦国時代初期の思想家、墨翟の敬称。

にかぎりなく近い。一方、「他人を平等に愛することを主義とした」のが墨子で、善の立場に限りなく近い。

注釈にはこうある。

「ある人がこう問うた。鶏が鳴いてすぐに起きても、起きているのは自分一人だったとしよう。もし物事に何も接することがなければ、どうして善が行えるのか」

すると、程子《ていし》はこう言う。

「ただ、敬を主とするなら、それが善をなすことになるのだ」

こういった意見は、空疎な観念に過ぎず、少しも具体的でない。本文に「孳々《じじ》」という二字が出てくるが、これをよく見てみるとよい。注釈にはその意味を「勤勉の意」と記してある。せっせと努力するということであり、空々《くうくう》茫々《ぼうぼう》、何もしないでぼんやりしているのと反対の意味だ。

志を抱く人にとって、どんなときも空々茫々などあり得ない。たとえば孔子は、寝て夢を見るときでさえ周公が出てきたという。まして、すっかり起きている状態なのにまだ空々茫々としていて、何者にも接しないなど考えられない。

そのうえ、家というものは早朝がもっとも忙しいものだ。一家の中のしきたり

程子　中国、宋の儒学者、程顥・程頤兄弟の尊称。

を考えてみればいい。手を洗い、口を注ぐことから始まり、髪を櫛《くし》でとかす。そして父母や、義父母に挨拶をするまで、それはもうたくさんやることはあるはずだ。

私は朝寝坊で、生まれてこの方一番鶏の鳴き声など聞いたためしがない。しかも今は家を離れて、野山獄の二畳ばかりの部屋にいる。だから何物にも接しないときがあってもおかしくない状況ではある。それでも、たいていは、起き出すと隣の囚人とおしゃべりをしたり、布団をたたんだり、塵《ちり》を払ったりする。そうこうするうちに書物を開いて読み始め、少しの暇さえないのである。まして、ふつうの家にいるなら、なおさらだ。

冬の長い夜、獄中に火の気はまったくない。寒気があんまりひどすぎて、明け方の四時頃になると眠ることさえできない日も多い。そんなときも、布団の中に腹ばいになって、わずかばかりだけれども思いを巡らすことだってできるのである。

あるいは、父母のこと、親戚のみんなのこと、そして昔からの知り合いのことを思ったり、これからの人生の計画を描いてみたりする。また、天下の形勢について考えを巡らし、昼間読んだ本の意味を思い返したりする。そんな折りこそ、熱心に読書をするよりもよっぽど新しい気づきを得ることができるのである。

　そんなふうだから、私は投獄されたのをきっかけに、議論もものの見方も、以前よりだいぶ変わったと感じている。こうした新たな手応えは、あの凍てついて眠れない孤独な時間の中で培われたものだ。

　だから「まだ、何物にも接していないのに」などと言い訳がましく問うのは、志のないたわけ物のすることなのだ。そして、この質問に対して、程子は「敬を主とする」と答えてごまかしたわけだ。こんなことを尋ねる男は、真剣に語り合うに足りないと判断したからなのだろうか。しかも朱子がこれに注釈を施しているのは、何のつもりだったのだろうか。

　それとも、どの天下にあろうとすぐれた人々が登場してほしいという期待を込めつつ、正反対のたわけた男を引き合いに出したまでのことだろうか。

五月二十六日夜

尽心　上　三十二・三十三章

「功がないのに俸禄をはんではならない」と『詩経』に記されている。（三十二章）塾はこう問うた。「学徳を修めた人は、どんなことを心がければよいのか」。それに対し孟子はこう答えた。「志をより高尚にすることである」（三十三章）

下級武士の心得とは何か、この二章を熟読することでよくわかってくる。

農民は田畑を耕し、職人は家や道具をこしらえる。商人は欲しいものを融通しあって利益を上げる。こんなふうにそれぞれ職分があって、国に利益をもたらしている。

武士を見てみると、上級にある者、たとえば家老ならそれにふさわしい職務がある。奉行には奉行の職務があり、番頭には番頭の勤めがあり、組頭には組頭の役目がある。ほかにも、民政に携わる職分があるし、財政を司る職もあり、みんなそれぞれの任務にたずさわっている。

ところが、下級武士だけは例外だ。そこそこの位の武士でも主君に仕えるでもなし、下級武士も農工商のような職分がない。一見すると、彼らにはなんのお役目もなく、ただ飯食いのようだ。

しかし、そう見るのは実のところ、とんでもないまちがいである。彼らが仁義に則った人物であって、もし、主君が一定の任務を与えたとしたら、この国は大いに富み栄えることだろう。また、そのような任務を賜らなかったとしても、子や弟たちがこの人になつき、従っていけば、その子は親孝行な人物に育つ。弟も兄をよく支える者になる。そうして人と人との交わりが、真心に満ちたものへとなっていくのだ。

だから下級武士の職務は、自分自身の身を修めることが基本となる。そして世の中の風俗を正すことを、任務とすべきなのである。そうすれば、決してただ飯食いではない本当の手柄を立てることになる。農工商に携わる人々と比べて、どうのこうのといわれることもないのである。また、公卿《こうけい》大夫《たいふ》と呼ばれる上級武士と比べても、引けを取らないのである。

『武教小学』の序章にはこんなことが記されている。

「農工商に携わる人々は偉大である。天下における三つの宝だ。ところが武士

『武教小学』 山鹿素行が、武士の日常生活について説いた教戒を、門人が集録して一書にまとめたもの。

は農工商のような仕事をしていないにもかかわらず、これらの三つの身分の人々の長となっている。それは、武士が自分自身を修め、心を正しく保ち、国を治めて天下を平和にする役目があるからだ」

この内容は、この二つの章で言っていることとよく似ている、また、第九章でも左記と同じ内容を語っている。併せて考えてみるとよいだろう。

「いにしえの人は、志を得れば、民に恩恵を与えた。志を得ない場合は、わが身を修めることに専念し、やがて天下で名を上げた。つまり、困窮しているときは一人わが身を正し、立派になろうと努力を重ねる。そして立身出世すれば天下の人々を正し、よりよい方向へと導くのだ」

さて、「士」にあたる階級は「武士」と名付けられている。武士のもともとの役目は、世の中の動乱を鎮め、野蛮な外敵を打ち払うことである。

ところが今のような太平な世の中では、武士も本来の任務を忘れてしまい、そもそもなんのために学問を修め、武道を磨くのかという根本のところの認識がない。

本当はこういうときこそ、自分の本分が何であるかをよく顧みるべきなのだ。さらには今の世の中の武士全体に、あらためてこの点を認識するよう促すべきである。こうして国家を盛んにし、強くなるよう導く努力をするなら、武士はただ飯食いと言われることはないのだ。

「功もないのに俸禄を食んではいけない」

この徒食を戒める一文は、本当に身にしみる。

今さらだが、身分の貴い者も賤しい者も、また賢い者も愚かな者も、みんな三度の食事はする。若いうちからむだ飯食いをしていたのでは、この世にある大事なものをただ空しく費やすだけになってしまう。だから一日に三回、食事のたびに反省するよう心がければ、三度の食事を無駄に食べるような人間にはならないだろう。

「志を、より高めるにはどうすればよいか」

「それは、ただひたすら仁義に志すだけである」

利口ぶった俗人なら、「尚志《しょうし》（志をより高める）」の二文字を見ただけで、これはまた大きく出たなと、議論に奮い立つかもしれない。ところが、「ただ仁義だけ」と続いているのを見たとたん、古くさい議論だと思い込んでしまう。そしてもうその先を読もうとはしない。これは人情の常だとは思う。だが、浅はかな考えだ。

かりにも、こう思ってみればいい。この天と地の間で、仁のほかに身を置く場所がいったいあるだろうか。また、義のほかに、よりどころとすべき場所があるだろうか。

だからこそ、自分自身を修め、人を治め、家を整え、国を治めようとするなら、仁義に則らなくてはいけないのである。もしも仁義からはずれているのに、そんな状態にしようとするなら、どれもみな世知辛く、卑しく、なんとも言えない様相となるだろう。だから、この点を深く考え、志を高く保つことは、仁義に志すのだということを悟らなくてはいけない。

五月二十六日夜

尽心　上　三十六章

人がいる場所が、その人の気性を変化させる。それはとても大きな意義がある。

私はたった一間しかない窮屈な牢屋に起居している。だが、毎日、毎晩、五大州を私たちの国のものにする野望を思い描いている。みんなにそう語るときまって、頭はだいじょうぶかと失笑される始末である。だが、この私を笑う者どもこそ精神の許容量が狭い。私の精神の住居ともいうべき広大な領域に比べたら、なんとみみっちいことか。

現実に目を向けると、私たちの国は鎖国が敷かれてこのかた、日本の領土から出ることは許されなかった。そのため人々の見聞知識は国内六十六所領に限られ、狭い視野のままだ。

ただ、私は一人一室で過ごしながらも、周囲を観察し、歴史を一通り見渡し、世界中の国々の様子に睨みをきかせているつもりだ。そして、こうしたことを続

五大州　地球上の五つの大陸（五大陸）。アジア・アフリカ・ヨーロッパ・アメリカ・オーストラリアを指すが、オーストラリアを除いてアメリカを南アメリカと北アメリカに分けることもある。

けていく中で、知らず知らずのうちに精神の領域を広げることができたように思える。

別に私がとりたてて人より知能がまさっているわけではない。ただ、私の精神的な領域が、他人より広いだけなのである。いまやヨーロッパやアメリカの連中は、各国を次々と船で回り、この世界をひとつに統合してしまおうとたくらんでいるのだ。

ヨーロッパ人もアメリカ人も、知能が私たちより優れているわけではない。ただ、彼らが持っている大艦が自在に動き回って、世界各国を自分らのすぐ隣に位置づけることができた。そのため、こうした途方もないくわだてを思いついたわけなのだ。つまり、彼らの活動領域が広いための効果だと言える。

だから私たちも、そうしてみればいい。国内六十六所領の人々を世界各国に航海させたとしたら、日本人の気構えが小さいなどと心配する必要などない。ヨーロッパやアメリカなどにびくびくすることなどまったくないのだ。

ただ、「住居とは偉大なものだ。人がいる場所が、その人の気性を変化させる。また、体を養う食物は、その人の体を変化させる」と本章には書いてあるが、これは世間一般の凡人にあてはまることである。「天下のもっとも広い住居である仁」にいつも身を置く人にいたっては、住居や食物が気性や体を変えるどころではなく、その人をこのうえなく立派にするのである。

　そういうふうに見るならば、世界中を航海し、そこでやっと広大な気性になる者は、まだまだ凡人なのである。私は、あらゆる国に航海しなくても、一室に閉じ込められていても、広大な心構えになることができる。これこそ、学問に励んだおかげなのである。

五月二十九日夜

尽心　上　四十四章

やめてはならないものをやめてしまう者は、どんな大事なこともやめてしまう。厚くしなければならないものを薄くして平気でいる者は、どんな大事なことも薄くしてしまう。

右の一文は、『大学』に記されている以下の一節と同じことを言っている。
「根本が乱れていて、末端が治まることはありえない。厚くしなければならないところを薄くし、薄くしなければならないところを厚くする。それでは通る道理がないし、うまくいった試しがない」

だからこの『大学』の言葉を、本章を読み解く際の注釈とすべきである。しかしここで言う「やめてはならないこと」とは何を指しているのだろうか。それは、根本に値すること、つまり、身を修めることに他ならない。

同じく、「厚くしなければならないもの」とは、家のことを指している。そして「薄くする」ものは、国家、天下のことだ。

さらに言うなら、物の道理を探求し、知を究め、そして真心を持って自分自身を修めていくことが人間の根本だ。だから、これは決して「やめてはならないもの」なのである。

家を整え、やがて天下国家を治めていくことは、自分と縁が深いものから問題に当たり、次第に縁の遠いものへと押し広げていく様子を示している。

以上が、『大学』通編の「修身斉家治国天下平」の主な内容だ。そのほかの経典において意味を紐解く際にも、この一文に基づいている。

続いて、この一節を読み解いてみよう。

「進み方が鋭い者は、退く際も速やかだ」

やめなくてはいけないのにやめず、薄くすべきなのにかえって厚くする者がいる。これは、一時の感情の高ぶりによってやっているだけである。至誠、つまり本当の誠から発して、どんなことがあっても勢いが衰えないのとは、しょせん異なるものだ。

しかしこういった連中が、やたらと鋭く進み出てくるときがある。すると、大事なことをやめない者や薄くすることのない者も、一時的に太刀打ちできない場合がある。だがしかし、ひとたび勢いが衰え、退き始めると、これもまたあっという間だ。時勢が変わると、まったくその痕跡すら見つけられなくなってしまうほどあっけない。

『孝経』にこんなことが書いてある。

「自分の親を愛することなく、そのくせ赤の他人を愛す者を、徳にもとると言う。また、自分の親を敬うことなく、他人を敬う者を、礼にもとると言う」

右に示したことも、そういうたぐいのことだろう。実際、世間には、自分の親を愛し、そして尊敬することなく、そのくせ赤の他人を愛し敬う者がいる。

だから、こうも言われるのである。

「君子の交際というものは淡く水のようであり、小人のそれは濃くて甘酒のようである」

それぞれの味も、なんとなく想像がつくことだろう。君子のつきあいは道義に即した範囲でなされ、淡いからこそ長く変わることがない。ところが小人の付き合いは利や欲がからむものになりがちで、なまじ濃いため長くたたないうちに変わって駄目になってしまうのだ。

范魯公《はんろこう》の詩にこういうものがある。

『孝経』 孔子の弟子、曾子の作と言い伝えられる儒家の古典、十三経の一つ。

范魯公 中国、宋の太祖に仕え、魯国公に封ぜられた。

「世の中みんなが交友を重んじる。親密な付き合いを結ぼうと、あれこれやってみる。しかし人というものはたやすく怒ったり怨んだりする。ときには波風も立つというものだ。だから付き合いを長く続けるのはむずかしい。君子はそのことをお見通しなのである。だからこそ、心を広くし、水のように淡い心をもって付き合う」

これこそ先に述べた事柄についてていねいに語っている。また、この章で記されている左記の一文についても意味がわかってくる。

「忠実な家来を探すなら、それは孝行な子どもがいる家庭からがよい」

忠孝の源にまでさかのぼって考えてみよう。人間にはただ誠があるだけで、この誠が、父に仕えれば孝となる。君に仕えれば忠となる。友に交われば信となる。このように誠が千変万化して、いろいろな呼び方に変わっていくのである。だから、近いところから次第に遠くに到達していき、たとえば家から国へと達したとすれば順当な動きと言える。

「水は穴に満ち、そしてさらにその先へと流れていく」

これも同じことを述べている。

さて、私の友人、宮部鼎蔵《みやべていぞう》は、国を憂い、君に忠義を尽くす男だった。また、友だちづきあいもよく、信義に厚かった。いつも親切で面倒見がよく、ゆるぎない意思を持ったしっかり者だった。私はつきあい始めた当初から、彼を並の人物とは思っていなかった。のち、やはりと言うか、彼の藩（肥後細川藩）から孝行の人ということで表彰されたことがある。

その表彰状には、こう記されてあった。

「あなたは祖母をはじめ父母が存命中は、よくこれに仕えた。とりわけ祖母や母が病気になった際には、手厚く面倒を見た。また、亡くなった後も、立派に孝道を尽くした。その様子はつぶさに藩侯のお耳に達し、これは立派なことだとお聞き届けになった。よって表彰せよとの思し召しがあった」

私はこれを聞いて、うれしさのあまり思わず膝を叩いた。

「宮部君は、ただもう親切で面倒見がよく、意思の堅いしっかりした性格の持ち主だ。君に対しては忠、友に対しては信を尽くす。しかも親孝行の人である。それはもう忠孝信義すべてに至誠の人であって、二心などみじんもない。正真正銘の士として褒め称えられるのは当然だ」

宮部鼎蔵　幕末の尊攘派志士。吉田松陰の東北遊行に同行。京都にて討幕運動に活躍するが、池田屋で新撰組に襲われて自刃した。

肥後細川藩　肥後国飽田郡府中（現、熊本市）に藩庁を置いた外様藩。

ところで私は、この章に関してひとつ議論したいことがある。それは嘉永六（一八五三）年と安政元（一八五四）年に起きた事件についてだ。アメリカやロシア艦船が相次いで来航した。そして結果的には和親条約に調印するという屈辱を体験した。私は同志のみんなと天下国家を憂い、次のように論じたのだった。

「身を修め、それができたら家を整え、さらに国を治め、ついには天下太平を実現する。これはひとつの決まりごとである。けれどもそれは平和な時に通用することだ。非常の際に、論じても意味がない。

さらに今日に至るまで、日本という国の姿は、諸藩がお互いに自分の領土を維持しあう封建の体制である。こういうときこそ、天下の正論を掲げる有志の人たちと連携すべきだ。そして上は大名から下は役人、武士、庶民にいたるまで心を合わせ、力を結集して幕府を諫めよう。天皇を中心に戴き、野蛮な外敵をやっつけるべきである。

そしてまさにこの行動こそ、『自分を高め、ついでに周りにもその影響を与え、また自分の身を修めて家を整え、そして国を治め、天下を平らかにする』ということを同時に成し遂げられるすべである。だから今、これこそ真っ先に取り組むべき課題なのだ。

嘉永六（１８５３）年と安政元（１８５４）年に起きた事件

アメリカのペリー、ロシアのプチャーチンの来航によって生じた内外の諸変事を指す。

和親条約

国家どうしが和親を結ぶために取り交わす条約。日米和親条約、日露和親条約など幕府が相次いで結んだ条約を指す。

このように私は考え、それを実現するために逸《はや》る心を抑えながら東へ西へと駆け巡り、一日も心が安まることはなかった。しかし、うれしいことに、天下には私と同じ意見の人物も少なくないことがわかった。

ところがどうだ。残念なことに、世俗的な議論にとらわれた連中が、国家を憂う行動を開始しようという私たちの考えを阻んだのだった。彼らは一斉に、こう、がなり立てるのである。

「自分の藩すら治められないくせに、どうして天下の諸藩と行動を共にすることができるのか。どうしたら幕府を諫められるというのか。どうして皇室を中心に戴くことができるのか。そもそも、どうやったら外敵をやっつけることができるのか。そんなことより、まずは自分自身を修めるべきだ」

結局、こうした考え方が、最終的には日本の方針として定着した。

それでも私は思うところがある。彼らの言葉は、自分の身と家族を第一に考え、妻子を気にかけることに重きを置いているものだ。少しも国家の行く末を心配する気などない、不忠不孝な輩の言うことなのである。

そういう連中は決まって私の言うことに眉をひそめ、悪しざまにこう言い放ったものだ。

「だいたい厄介事を好むのは浪人の常だ。代々、俸禄を賜る家臣の志に背くものである」

私は次の言葉をそっくり彼らに返したい。

「天下に浪人は少なく、代々仕えている家臣ばっかりだ。なんと嘆かわしいことか」

ああ、今日、このような情勢を見通すことができない有様では、この国はいったいどうなるのだろうか。気がつけば行き場がどこも塞がって、にっちもさっちも行かなくなってしまうだろう。悲しくてたまらない。

六月初日四夜

尽心　下　首章

なんと不仁であることよ、梁の恵王は。

この初めの一句が、この章の全体で言いたいことだ。領土が欲しいために無用の戦いを起こし、自分が愛していた子弟の太子申まで戦士させてしまった恵王は、なんと不仁なことかと言っているのである。

ただ、私利私欲のために家族や仲間を死なせるのは不仁であるとは説いているが、仁がどんなものかは詳しくは触れていない。それについては「梁恵王」上編・第五章で考えてみるとよいだろう。また仁の定義も同章の表現が理解しやすいと思われる。

さて、私が野山獄に投獄されて一年あまりが経った。その間、思いもしなかったことを目の当たりにすることになった。獄中生活のつらさや、裁きの制度の不備を思い知り、同じく投獄されている人々が気の毒でならなかったのだ。

なんとかできないものかと考え、まず『江戸獄の記』を書いて、この制度のよいところを書き出し、それを野山獄でも施行するよう希望した。

また、『福堂の策』二条を書いた。その中で、囚人をどのように扱うべきかを具体的に提言した。さらに『野山獄囚名録叙論《しゅうめいろくじょろん》』と『野山獄の記』を書いて、囚人たちがその罪に比べ不当に長く投獄されていることを世に問うた。

また、囚人たちのそれぞれの縁故や伝手《つて》を探し、投獄を一刻も早く免除してもらうよう嘆願書の書き方を手伝ったりもした。さらに、書面を提出して、彼らを弁護する陳述も行った。

こうした赦免の活動を私が行った数は、一人や二人ではない。たくさんの才能ある人物が空しく獄中に埋没していることに、私は唖然とし、嘆かざるを得なかった。

私は日頃、伊尹のやった事業を手本とし、志にしてきた。それは孟子が言う「天下の民」についての説明とも合致する。つまり、こういうことだ。

「天下の民衆の中で、名もなき一人であっても、堯帝や舜帝の恩恵をこうむらない者がいてはならない。もしもそういう者がいたら、自分がその人を溝に突き落としたかのように責任を感じる」（「万章」上編・第七章・同下編・首章）

『江戸獄の記』『福堂の策』『野山獄囚名録叙論』『野山獄の記』 いずれも吉田松陰の著作。

この言葉は、ちっぽけな一人の囚人にすぎない私など、およびもつかない。けれども、囚人たちの境遇は、私が実際に見て、聞いた事実なのである。しかも、私以外に誰も彼らに関心を抱き、声を上げる人などいないから、私一人が一身にそれを担おうと思ったのだ。たとえその活動によって罰せられることがあっても、本望だ。まして、世間の人からあれこれ非難されても、まったく私の眼中にはない。

それなのに、つい先日、友人の一人が人づてに私をこんなふうにくさした。

「野山獄の囚人たちを放免する嘆願活動など、やめるべきだ。このまま続けていても、寅次郎は、罪人どもにすっかり言いくるめられて、奴らの片棒を担いでいると言われるのが落ちだ」

この言葉を聞いて、私は髪が逆立つほどの怒りがこみ上げてきた。ああ、なんという不仁きわまりないことだろう。たぶんその友人は、よかれと思って言ったのだろう。そしてこう考えたにちがいない。

「寅次郎は幸い、出獄を許された。だがもし世の中の非難を受けて、また投獄されることになったら元も子もない。自分が牢獄から出られればそれでよいではないか。なんで他人のことまで心配しなくてはいけないのか」

寅次郎　松蔭の通称。幼時の名字は杉（本姓不明）、幼名は寅之助。吉田家に養子入り後、大次郎と改める。諱は矩方、字は義卿、号は松陰の他、二十一回猛士がある。

しかしこれこそ、自分のことと自分の家のことばかり惜しみ、妻子のことだけ心配していればよいという俗世間一般の態度だ。このような連中とは到底、伊尹の志について語り合うことはできない。

もしも、野山獄に捕らえられている囚人たちが、赦免する余地のない重罪を犯していたのなら話が別だ。しかも私が無理やり彼らとぐるになって善悪の見境ない行動を起こすのなら、友人の忠告ももっともである。

しかし、彼らが赦免される正当な理由があることは、どうか私が書いた報告書をじっくりと読んでもらいたい。同時に、私が善悪の見境なく行動しているのではないこともわかってもらえるだろう。

昔から、多くの人を救うために草鞋《わらじ》姿で奔走した人は、たくさんいる。あの親《しん》鸞《らん》さえその努力をいとわなかったし、異端者を仏法に従わせるために日蓮《にちれん》も身の危険を冒した。彼らはどちらも仏教という間違った教えの信徒で、孔子や孟子の教えを信ずる人から見ればどうでもよい存在なのだが、それでもあのような態度で人々を救おうとしたのだ。

まして孔子や孟子の道に志し、伊尹が背負った責務を自分も担おうと願う者なら、世の中の非難や投獄を恐れてこせこせすることはないのである。

親鸞　1173～1263年　鎌倉初期の僧で浄土真宗の開祖。

日蓮　1222～1282年　日蓮宗の開祖。伝統的仏教の教理に疑問をいだき、故郷に帰って『法華経』を開く。『立正安国論』を著し、辻説法で他宗を激しく攻撃したために迫害を受け、伊東、佐渡に遠島。晩年は身延山に隠棲しながら絶えず布教に努めた。

「昔、禹は天下におぼれている者がいれば、自分がおぼれさせたように思った。稷は天下に餓えている者がいれば、自分が餓えさせたように思った」(「離婁」下編・第二十九章)

「自分がおぼれさせた」、「自分が餓えさせた」と、伊尹の「自分が突き落とした」とは、まったく同じ意味合いを持つ。この「自分」という部分を、切実な問題としてよく考えてみればよい。

堯帝の時代には、天下はまだ太平とは言えなかった。洪水もしょっちゅう起こり、人民は餓えに苦しんでいた。だから禹も、天下の人々が洪水におぼれているのを救おうとした。それによって自分が溺れるかもしれないのは承知の上だったろう。また稷も、天下の人々が餓えているのを救おうとした。自分がそのために餓えるかもしれないと覚悟していたに違いない。

にもかかわらず禹、稷という二人の聖人は、自分が溺れたり餓えたりする心配は差し置いて、天下の人々の窮地を救おうとしたのだ。その姿は、聖人が持つ仁の表れであって、伊尹とは時代の違いこそあるものの、貫く精神は同じなのである。

もしこう私が語ったとしたら、例の友人はきっとこう反論するに違いない。

「禹、稷、伊尹の行動はどれも天下の人々のためだった。身を犠牲にしてもかまわないという理由があったのだ。それなのに今、寅次郎がやっている野山獄の活動は、取るに足らないことだ」

これもまた不仁の言葉である。人の命はとても重いのである。一人の命も、十人の命も、百人の命も同様なのだ。私が今、自分の身だけを考えて野山獄の現状を無視したなら、囚われている十一人は永久にお日様を見ることもなく死んでいくしかない。私一人の命を、十一人の命に代えることができるのなら本望である。

昔、こんな話を聞いたことがある。漢の陳平《ちんぺい》がまだ漢の高祖《こうそ》と出会う前のことだ。陳平は貧乏だったけれど、書物を読むのが好きだった。あるとき、里のお社の祭礼があって、陳平は料理をつかさどる係となった。そしてお供えの肉を切り分けたのだが、その分けかたがとても公平だった。それで里の長老は、この若者の仕事ぶりは見事だと褒めた。陳平はそれを聞いて、こう嘆いた。

「ああ、私が天下の政治を任せられたら、この肉を分けるように公平に行うだろうに」

私も、自分自身に対して、陳平のような人物であろうといつも言い聞かせている。

陳平 中国、前漢初期の政治家。陽武（河南省）の人。

高祖 中国、前漢王朝の創始者。

六月初日夜

尽心　下　十四章

国家にとってもっとも貴いものを人民とする。次を土地や穀物を司る神とする。そしてもっとも軽いものを君主とする。

この言葉の意味は、君主が自らを戒めるものだ。君主の本来の務めは、天下の人民を治めることだ。民のためにある人君なのだから、民がいなければ君もいない。だから、民を貴いものとし、君を軽いものと見ているわけである。

このあたりはじっくりと味わって読んでみたい。ただ、今は異国のことはしばし置いておき、私たちの国について語り合おう。

日本は畏れ多くも、国常立尊から代々の神々を経て伊邪那岐《いざなぎ》、伊邪那美《いざなみ》の神へと続き、大八州国と山川、草木、人民などあらゆるものをお生みになった。また、天下の主として皇祖の天照大神《あまてらすおおみかみ》をお生みになられたのだった。

それ以来、歴代の天皇が皇位に就かれ、その統治は天地とともに揺るぐことは

伊邪那岐　日本神話で、天つ神の命で磤馭慮島（おのころじま）をつくって天降り、国生みと神生みを行った男神。

伊邪那美　日本神話で、伊邪那岐と結婚し、国生みと神生みを行った女神。

なかった。そして皇位は後の時代へと永久に伝わってきている。国土も、山川も、草木も、また人民も、すべて皇祖以来、歴代の天皇のおかげでしっかりと守られ、維持されてきたのである。

だから、天下全体を広く見るなら、人君ほど貴いものはなく、一人の君主の立場からすれば、人民ほど貴いものはない。君と民とはこのように、天地が誕生したときから一日も離れられない関係だと言える。だから、君があって民があるのだし、君がなければ民もない。

この意味を踏まえることなくこの章を読むとしたら、要注意だ。いかにも外国人が口にしそうなことを、平気で言い出すかもしれない。たとえば、こうだ。

「天下は一人の王の天下ではない。天下の人すべての天下である」

これは、私たちの国の尊さを忘れ去ることになりかねない、恐るべき見方だ。さて、このところ、私たち長州藩の藩校、明倫館《めいりんかん》では学生にこんな作文の課題が出されたそうだ。

「天下は一人の天下ではないという説」

これは、もともとは『六韜《りくとう》』に登場する言葉だ。この書は兵法を説いたものだから、聖賢の書とは趣を異にする。実際に、中国でも広く受け入れられた考え方

明倫館　享保4年に藩主毛利吉元が創立した長州藩の藩校。

『六韜』　中国の兵法書。文韜・武韜・竜韜・虎韜・豹韜・犬韜の六章より成る。

ではないようだ。そもそもは禅譲放伐《ぜんじょうほうばつ》といって、皇位を徳のある人に譲る、あるいは徳を失った君主を討伐して放り出すという思想から出てきた論理だ。

「天がくまなく覆うところの下は、すべて国王の土地だ。陸地が続くその果てまで、そこにいる者はすべて国王の家臣である」（『詩経』）

この文言をもとにするなら、天下はたった一人の天下ということになる。また、こんな記述もある。

「いにしえの五人の皇帝は、天下を官位と考えた。次に三人の国王は天下を家と見なした。家というものは子に伝え、官位というものは賢者に伝えるものである」（『漢書』）

天下を官位と捉えるなら、それは一人の天下ではないという説が成り立つ。また、家と捉えるなら、一人の天下という説となる。また中国では歴代、「天下は先祖代々の君主のものである」という『老子』の主張をたくさんの人が正しいとしている。これも、つまるところ、一人の天下という説に立脚しているようだ。

六月十夜

尽心　下　三十六章

なますや焙った肉なら誰でも好んで食べる。だが、ナツメは曽皙だけがよく食べていた。たとえば、君主や父親の名前は、はばかって口にしないものだが、名字ならそんなことはない。姓なら一族に共通するものだが、名はその人に限られたものだからだ。

なますや焙り肉に対してナツメ、そして姓に対して名。これらは、片方が共通で、もう片方は独自なものとして取り上げられている。共通なもの、つまりなますや焙り肉はみな食べるが、独自なもの、つまりナツメは特定の人しか食べない。同じく、共通なもの、つまり姓は同じ姓を名乗る人がたくさんいるから、気安く口にできる。けれども独自なもの、つまり名はその人物に特定されるから、名乗りにくい。

こうした例を引き合いに出して、まっとうな道とは何かを述べていく孟子の手法は、きっちりしていて本当にすばらしい。

では、この共通なものと独自なものについて、さらに詳しく読み解いてみよう。前提として、まっとうな道というものが、天下のすべてにあてはまる共通のものと言っておきたい。

これに対して国体、つまり国のあり方というものは、一国の体質であって、これは独自のものに分類される。

君臣の関係、父子の間柄、夫婦の契り、年長者と若年者の序列、友人との信頼関係、これら五つの人間関係はどの国にも共通するものだ。しかし、私たちの国の君臣の関係は、どの国と比べてみても類がないほどすばらしく、これは独自のものと言える。

『史記』の中で匈奴《きょうど》という国を記した一節がある。それによれば、この国の壮年男性は、いつも栄養のあるおいしいものを食べ、年老いた者たちはそのおこぼれを飲み食いしているという。壮年で健康なものを優先し、老いた者や弱者は粗末にされる。父が死ぬと、その跡継ぎの者が母親を自分の妻とし、きょうだいが死ぬと、残された妻をそのきょうだいが自分の妻とするそうである。これもまた、一国の独自性だ。

匈奴　中国の秦・漢時代にモンゴル高原で活躍した遊牧騎馬民族。

名前を口にするのをはばかったり、ナツメを食べないという理由を考慮するなら、国体がいちばん大切ということになるだろう。国体というのは、人がまっとうな道を歩むための重要な基盤となるからだ。

しかし、よく考えてみると、まっとうな道というものは、さまざまな正しい生き方を総合して、そう言っているにすぎない。世の中には、大きなものから小さなものまで、さらにはきめ細かいものから粗いものまでさまざまなまっとうな道がある。だから、国体もまた道といえるのだ。

ちなみに、国俗と国体とは別のものである。

ほとんどの国では、それぞれの自然発生した風俗や習慣がもととなった国俗がある。聖人と呼ばれる指導者が現れて、こうした風俗や習慣から良いものを取り込んで、悪いものを捨て去り、ひとつにまとまった形を完成させた。これを国体と呼ぶのである。

先ほどの匈奴の風俗や習慣は、悪い国俗の最たるものと言えるだろう。私たちの国のあり方に比べるなら、人間の道からはずれたように見えてしまう。ただ、あえて匈奴を例に挙げたのは、独自性と共通性との区別をはっきりさせたいと考えたからだ。国体と国俗とは、もちろん異なるものだ。けれども、もともとは同じところから生まれたもので、その根本の部分は元来同じなはずである。

ところが、私たちの藩の老先生（山県太華《やまがたたいが》）は、こんなふうに言っている。

「まっとうな道というのは、世界中どこの国であろうと同じはずだ。なぜならその源は天にあるからだ。だから自分と他人との間には差がない。それと同じように、わが国と他国との違いもない」

もしそうだとしたら、皇国日本での君主と家臣の関係は、中国での君主と家臣の関係とまったく同じものということになる。この見解に、私は断じて賛同することはできない。

まして孟子も、ものごとには共通性と独自性という二つの観点から捉えなければいけないと説いているではないか。そのことから考えても、この老先生の見解が間違っていることは明らかだ。

さて今、世界には五つの大きな州があり、その全ての州に共通するまっとうな道というものが存在する。その一方で、それぞれの地域には、また、独自のまっとうな道がある。さらに言えば、日本国内六十六所領のひとつひとつにも、それぞれまっとうな道がある。

これらは道という観点から見れば、確かに共通なものだ。しかしまた独自性と

山県太華 江戸時代後期の朱子学派の儒学者。

いう観点から考えてみると別の姿が浮かび上がってくる。

たとえばここにひとつの家がある。とすればそこにはその家のまっとうな道がある。それはおそらく、隣の家のまっとうな道とは相違点があるはずだ。また、ひとつの村には、その村なりの、ひとつの郡にはその郡なりのまっとうな道もあることだろう。

隣の村や郡でさえ違うところがあるのだ。まして日本国内のそれぞれの所領で守られている道は、隣の国のものとはちがって当たり前なのだ。

つまり、ひとつの家ならその家なりの教えを守り、ひとつの村ならその村なりの、ひとつの郡ならその郡なりの、古くから大切にされてきた風俗や習慣を守らなくてはならない。そして国の場合は、その国なりの決まりを守るべきだ。この皇国日本に生きる者は、日本の国体を仰ぎ、尊ぶべきなのである。

そのうえで、中国の聖人の勉強をしたらよいだろう。あるいはインドの釈迦の教えを聞いてみるのもよい（ここでは、教え、風俗、習慣、決まり、国体などいろいろと言い方を変えている。それらはすべてひと言でいうなら、まっとうな生き方を意味している）。

だとすれば、私たちの国の人間なら、私たちの国のことを学ぶべきなのは言うまでもない。

水戸藩の学者たちは、こんなふうに述べている。

「中国は日本と地理的に近い。だから、気風が似ているところがあって、まっとうな道もほぼ同じだ。これに対しヨーロッパ、アメリカ、アラビアといった地域になると、地理的に遠く離れている。気風も通じない点が多い。そのせいで、人としての倫理や道徳といった大きな道にあたる部分でも、欠落しているところがたくさんある。まして、こまごましたことは言うまでもない」

しかし、外国の人々は、それぞれの国のまっとうな道こそ正しい生き方なのだと信じているはずだ。だから彼らに向かって私たちがこう言ったらどうなるだろう。

「あなたがたが信じているまっとうな生き方はまちがっている。日本の正しい生き方こそ本物であるから、あなたがたは私たちに従いなさい」

このように言っても、そうは行かない。逆に外国人が同じようなことを日本人に求めてきたとしたら、絶対に従うことができないのと同じことである。

それなのに、あの老先生のように「まっとうな生き方というのは世界中、どこへ入っても通用する。その大本は天にあるからだ」と、言ってみたところで、それは実際、まったく通用しない。

この問題は、共通性と独自性という二つの観点からじっくり考えていけば、自然とわかってくることだろう。

講孟余話　あとがき

『講孟劄記《こうもうさっき》』が完成したので通読し、書名を『講孟余話』に改めることにした。当初、「劄」という字を入れていたのは、この字には針で刺すという意味があって、もしも私の書いたものがまるで針で肌を刺して鮮血がほとばしるように鋭くあればいいと思ったからだ。そしてあたかも衣に刺繍をほどこして模様をつけるように、文章のおもしろさを編み出すことができれば、どうにかこうにか劄記に名前負けしないものとなったことだろう。けれども、私がここに記した内容は、とてもそのようなものではない。

私が牢獄にいたときは、同じ獄中の人々のために『孟子』の講義を行っていた。また、家に帰ったあとも、集まった親戚のために、引き続き『孟子』をもとに講義を行ったものだ。しかしその内容は、注釈を詳しく読んでいったわけでもないし、文章として評価したものでもなかった。ただ、私自身の憂いや楽しみ、喜びや怒りを、ただ、ただ『孟子』に託したものにすぎない。

だから私が楽しく、喜ばしい気分のときは『孟子』の講義をすることによってますます気分が高揚した。反対に心配したり怒ったりしているときは、ますます心配や怒りが大きくなったりしたものだった。挙げ句の果てに、そんな感情を抑えきれなくなって、それを心のままに語り、心のままに記し、だんだんとたまっていって一編になったのがこの本なのである。

だからそんな意味でも、これは孟子の講義の余話に過ぎず、とても劄記と呼べるものではない。私は『孟子』のおかげで、囚人や親戚と喜怒哀楽を共にすることができただけで満足している。そのうえさらに、この随筆を世の中に批評してもらおうとするのは、意味がないことかもしれない。

もし、この本を孔子や孟子を研究する先生に批評してもらったとしたら、先生はきっと、なんとまとまりがなく大雑把なのかと罵《ののし》ることだろう。また、名文家の博士に見てもらったら、博士はきっと、洗練とはほど遠く、むさ苦しい限りだと笑われることだろう。

だとすれば誰から批判をいただけばよいのか、また、誰にこの私の意見を答えたらよいのだろうか。実を言うとこの事実こそが、本書を完成させなければいけないと思ったわけなのである。

だいたい教えというものは、経学と文章とを学ばせることがもっぱらで、長い間それが続いてきた。おかげで今の世の中は、孔子や孟子の学問はいよいよ明らかになったし、文章も美しくはなった。けれどもそれとは反対に、私たちの国の勢いは日に日に衰え、外国の侵攻は日に日に盛んとなってきた。いったい、学問の意義はどこにあり、どう役立つというのだろうか。

おそらく今の時代、国家の置かれている姿を見て、私と同じように喜怒哀楽する人は、一握りの囚人や親戚だけにとどまらないだろう。しかし私は謹慎中で、人との交わりを断らなければならない身の上だ。せっかく私といっしょに憂い、楽しみ、喜び、そして怒ろうとする人がいたとしても、会って共に語り合う手立てがないのである。このことを思えば、本書をますます出したくなるわけなのだ。ああ、天下の人々よ。みなさんはこの書物に応えて、私に何を教えてくれるのだろうか。

安政三（一八五六）年六月のとある日、二十一回猛士藤原寅次郎、この文章を松蔭の囚室で記した。

本編は、去年六月十三日に筆を起こし、今年六月十二日になって記し終わった。その間、書いてはやめを繰り返し、また、始めのうちは獄中で、あとは幽室と講義の場所も変わった。聴講者も始めは囚人のみで、後のほうは親戚というふうに異なっていた。そうした環境で、まさに満一年に当たる日に、ようやく完成したのである。ほんとうに不思議というほかない。寅次郎、重ねて記す。

第2章

『留魂録』

現代日本語訳

留魂録

たとえわが身が武蔵野の野辺で朽ち果ててしまおうと、
燃えさかる大和魂はこの世に留めて起きたいものだ。

十月二十五日
二十一回猛士

一．去年からこのかた、私の心模様は目まぐるしく、いちいちその変わりようを数えていられないほどだ。

そんな中にあっても、昔から忠節に堅い人物として名高い趙《ちょう》の貫高《かんこう》や楚《そ》の屈《くっ》平《ぺい》を私が尊敬してやまないのは、友人たちの多くが知っているところだ。だからだろう、子遠《しえん》（入江《いりえ》杉蔵《すぎぞう》）がこんな送別の句を贈ってくれた。

「燕、趙に志士は多いけれど、貫高のような人物はただ一人。荊《けい》、楚で深く憂

たとえわが身が〜　身はたとひ武蔵の野辺に朽ちぬとも留め置かまし大和魂

趙の貫高　趙王張敖の宰相。

楚の屈平　中国、戦国時代の楚の憂国詩人。

子遠（入江杉蔵）　松蔭の門下生、松下村塾時代に松蔭が名づけた。

えたのは、ただ屈平のみだ」

にもかかわらず、五月十一日に護送されると聞いてからというもの、こんどは「誠」という一字についてあれこれと考えるようになった。そのとき子遠は「死」という字を贈ってきたのだけれど、どうもぴんとこなかった。

そこで、私は白い木綿を買い求め、そこに孟子の一句をしたためた。

「至誠にして動かざる者は未だこれ有らざるなり」

これを手ぬぐいに縫い付けて、江戸に持参し、評定所に置いたままにした。私なりに志を表そうと思ったのだ。

去年あたりから、いろいろな事件が起こるたび、おそれ多くも朝廷と幕府の間に誠意が通じないことが多々見受けられる。天がもしも私の心情をお酌み取りなら、幕府も必ず私の意見を正しいと認めるだろう。決然とそのように志を立てたものの、「蚊や虻《あぶ》が負おうとする」という例えのように、ついに事を成し遂げられないまま、今日に至ってしまった。

これもまた私の徳が薄く、人を動かせなかったからであり、今さら誰を咎めたり怨んだりするつもりもない。

一・七月九日になって初めて評定所から呼び出しがあった。三奉行が出座して、以下の二点について私に尋問した。

一つめ。「梅田源次郎《うめだげんじろう》（雲浜）が、長門の地を訪ねた際に面会したそうだが、どんな密談をしたのか」

二つめ。「御所の中で置き手紙が一通あった。その筆跡がおまえに似ていると源次郎を始め他の者も申し立てている。これについて覚えはあるか」

質問はこの二箇条だけだった。梅田という男はどうも狡猾で、私は腹を割って語り合いたいなどとは思っていなかった。だから秘密の相談などするわけがない。

このとき私は、六年間、囚人として幽閉されていた間、苦労したことを述べた。そして最後に、「大原（重徳）公が萩に来られるよう請うた」と話した。さらに、「幕府老中の鯖江侯（間部詮勝《まなべあきかつ》）を迎え撃つ計画があった」と自白した。鯖江侯の一件によって、とうとう私は牢獄に繋がれることになったのだった。

梅田源次郎（雲浜） 若狭藩の尊攘派志士で儒者。

大原（重徳）公 勤皇派の公卿。

鯖江侯 江戸後期の大名。越前鯖江藩主、間部詮勝。

一．私はもともと気性が激しく、怒ると相手を罵倒せずにはいられないたちだ。それでも今はなるべく時勢に逆らうことなく、常識ある人の振る舞いに沿った言動を心がけている。役人を相手にした際にも、つとめて冷静にこう述べた。

「幕府が朝廷の意向に従わなかったのはやむを得なかった」

さらには、今のような時勢を迎えるに当たり、どのように処置すべきなのかということにも触れた。この意見は、日頃、私が心を寄せていることで、具体的に対策を挙げることができるほど研究を尽くしていた。

そのような次第だったので、幕府の役人といえどもむやみに悪態をつくことができなかった。そのかわり、こう、私を咎めた。

「今、そのほうが申し述べたことは、すべてが適切とは思えない。しかも、賤しい身分でありながら国家の大事を云々するとは、不届き千万」

私はこれについても、あえて抗弁しなかった。ただ、こう答えた。

「私は、このために罪を負わされるのも辞さない」

その場は特に沙汰もなく、これで済んだ。幕府は位のない人間が、国の行く末を心配することを許さない。自分の考えが正しいかどうかを論じ合うなど、論外なのである。

聞いたところでは、薩摩の日下部伊三次《くさかべいそうじ》という人物は、取り調べの場で、今の政治の悪い点をいちいち並べ立てた。そしてこう言い放った。

「こんなことでは幕府の命脈は早晩に尽きる。三年か、せいぜい持って五年だろうが、それも難しいだろう」

これには役人も激怒したが、彼はなおも豪語したそうだ。

「これで死罪となっても、悔いるものか」

私にはとてもそんなまねはできない。子遠が「死」という一字を示して、私を責めたのだって、こういう羽目になるぞという警告のつもりだったのだろう。

唐の段秀実《だんしゅうじつ》という人物は、忠臣として知られる。彼は郭曦《かくぎ》には誠意を示したけれど、反逆者の朱泚《しゅせい》には激怒し、笏《こち》で彼を打ち据えた。英雄の行動というものは、このように時と場合によって変わるものだ。つまり、自らを省みて、心にやましいところがなければそれでよし。基本とすべきは相手の人となりを知ること。そして時機を見極めるのが肝要だ。

私が正しいかどうか。それは、私が死んだ後の世の人が論ずればよいことなのである。

日下部伊三次　幕末、尊攘派の薩摩藩士。

唐の段秀実　中国、唐の時代、第12代皇帝徳宗のときに司農卿となる。

郭曦　中国、唐の時代、顕官郭子儀の子。

朱泚　唐代の部将で、「朱泚の乱」の指導者。

一．今回の取り調べはずいぶんと急ごしらえで、あっさりしたものだった。七月九日に、知っていることをひと通り申し立てた。それから九月五日、そして十月五日の二度にわたって呼び出されたけれど、たいした訊問もなかった。だが、十月十六日になると、もう一度呼び出され、すでにできあがっていた口述書を読み聞かされた。そして今すぐ署名をせよと言う。この口述書の内容は、米国使節にどう応対するかや、日本人が海外に航海し雄飛するにはどうするかといった、私が特に苦心した部分はひとつも載せられてはいなかった。ただ、数カ所を開港することについて体裁よくまとめられていた。そして国力が充実したあかつきには、野蛮な外敵を打ち払うべきだとか、私の考えとはほど遠い陳腐な意見が記されていた。

抗議しても無駄とわかったので、強いて反論する事は控えたけれど、とても不満が残るものだった。安政元（1854）年に私たちがアメリカ艦隊で密航を企てた際の口述書に比べれば、ずいぶんと差があったと言うべきだろう。

安政元（1854）年に〜　松蔭と金子重之助がペリーの軍艦で海外密航を企てた下田密航事件。下田踏海とも言う。

一．七月九日に大原公について、また、鯖江侯暗殺について、ひと通り申し立てた。初め、幕府もこれら一連の計画はすでに調査して知っているだろうから、隠し立てせずすべて明白にしたほうがよいだろうと考えたからだった。

ところが、申し述べを進めるにつれ、だんだんと幕府がつかんでいないことまでも供述する流れとなっていった。このままでは、かかわりのない多くの善良な人々にまで累が及ぶことになると心配になった。しかも、まるで人のあら探しをするのに等しい。

そこで、鯖江侯を暗殺する計画も「諫《いさ》め申そうとした」と言い換えることにした。また、京都を行き来する友人諸君や連判した同志たちの姓名などは、なるべく隠して言わないようにした。これは私の後に決起する人たちのための、いわば老婆心である。

ともあれ、幕府が私だけを罰し、他に累が及ばなかったことは喜ばしい。同志の友人諸君、どうか深くこのことを考えていただきたい。

一．鯖江侯を要撃《ようげき》する計画を要諫《ようかん》と言い換えた件について、口述書では、私が言ってもいない文言と入れ替わっていた。たとえばこんなふうだ。

「もしもうまくいかなければ鯖江侯と刺し違えて死ぬこと。警護の者が邪魔だてするようだったら、遠慮なく切り払え」

私はこのようなことは言っていない。ところが三奉行は強引にこう供述書に記し、私に無実の罪を着せようとしたのだった。私は無実の罪を認めることはできない。

だから十六日には、石谷と池田の両奉行とかなり論争した。命が惜しいのではない。両奉行が権力をかさに人を欺き、それにひれ伏して従うことができないのだ。

これに先立つ九月五日と十月五日の二回にわたる取り調べのときは、私はこう述べたのだった。

「自分は死を決して鯖江侯を諫めようとしたまでのこと。無理に侯と刺し違える、あるいは供の者を切り払おうなどとたくらんだのではない」

このように詳しく申し立てたところ、役人もそのときは承知したふうだった。それなのに今さらこんなことを口述書に盛るとは、権力を乱用した詐術と非難さ

要撃　待ち伏せして攻撃すること。

要諫　攻撃ではなく、あくまでも諫めることを目的にしたという意味。

れても仕方のない行為ではないか。

ただ、そうはいうものの、こういう事態になったとしたら、刺し違いや斬り払いといった事態になることも覚悟しておかなければ、かえって自らの決意に激烈さを欠くことになるだろう。また、同志の友人諸君も、残念に思うことだろう。私自身も惜しまないわけではない。

そんなふうに、つらつらと考え直してみる。するとまた違った思いが湧いてくる。

「死んで仁を成そうとするのに細々としたひと言のあるなしなど、結局、取るに足りないことではないか」

今、私はずる賢い権力の手にかかって死のうとしている。けれども天地神明の鑑に照らされて恥じるところはない。何を惜しむことがあるだろうか。

私は今回の事件について、もとより生き延びようとは考えなかった。また、必ず死ぬとも思っていなかった。ただ誠の心が通じるかどうか、それによって生死が決する。だから、天命のなすがままに委ねたのである。

七月九日には、ほぼ、死ぬつもりでいたから、そのときはこんな詩を詠んだ。

「明の継盛《けいせい》は市中で殺されて当然だった。漢の倉公《そうこう》はむしろ生還など望むべくもなかった」

ところが、その後九月五日と十月五日の取り調べが穏便だったために、すっかり欺かれてしまった。ひょっとしてまた生きられるのではないか。そんなつもりになって、とても喜んだのだ。この気持ちはわが身惜しさというよりも、もっと別の理由からだった。

去年の大晦日、朝廷の議論が定まった。あとは幕府に告げるばかりにこぎ着けた。今年の春三月五日には、私たちの毛利公が長州の萩を出発した。私が描いた計画がすべて果たされたのだから、もう死んでもよいという気持ちが急に高まったのだった。

しかしながら、六月の末、江戸へやってきて、異国人の態度や振る舞いを見聞する機会があった。さらに七月九日に入獄して、天下の形勢を考察してみた。まだまだこの神国のためになすべき仕事がたくさんあると悟ったのだった。

そのためには生きていなければならない。私の中で、生きようと言う気持ちが沸々と湧いてきたのだった。私がもし死なないとしたら、この情熱もまた失われ

明の継盛　中国、明代後期の官僚、楊継盛。

漢の倉公　中国、漢の太倉公と呼ばれた医師、淳于意。

ることはなかったろう。

だが、十六日の口述書で三奉行が私を陥れて、死地に追いやろうとしているのがわかってからは、生きることを求める心は消えた。これもまた普段の学問の力によってそうなったのである。


一．今では、もうすっかり死を覚悟している。この安らかな気持ちは、春夏秋冬、四季が巡ってくる摂理に当てはめてみれば、納得がいく。

穀物は春に種をまき、夏に苗を育て、秋に刈り取り、冬に収穫したものを貯える。だから秋や冬になると、人はみな一年の成果を喜び、酒や甘酒を楽しみ、村々には歓声が上がる。収穫のとき、一年の苦労が終わることを悲しむなど、聞いたことがない。

私の人生は三十年、何ひとつ成し得ず死ぬのは、穀物が実らないようで惜しい気もする。けれども振り返ってみれば、今もなお実が太る時期とも言えるから、何も悲しむことはない。

なぜなら、人の寿命は定まってはいない。穀物のように必ず四季を経るものでもないからだ。十歳で死ぬ者は、その十歳の中に自然と四季がある。二十歳には、二十歳の四季がある。三十にもまた三十歳の四季がちゃんとある。そして、五十、百、それぞれには五十、百の四季があるのだ。

十歳だから短いと思うのは、夏にほんの一瞬だけ鳴く蝉に、霊が宿った古い椿のような長寿を願うようなものだ。百歳だと長すぎると思うのもまた、古い椿に夏の蝉のような短い命を願うのと変わらない。どちらもその命をまっとうしていないことになる。

私の三十年には四季がすでに宿っていて、実もなっている。ただ、それが糧になるのかどうか、自分ではわからない。しかし、もし私の同志が私の心情に共感し、これを引き継いでくれるのなら、後世に種が絶えることなく、穀物が四季を経て実るのと同じことになるだろう。同志たちよ、そこを察してもらえたらありがたい。

一．東口の揚屋《あがりや》に水戸の郷士で堀江克之助《ほりえよしのすけ》という男がいる。まだ一度も面識はないけれど、私を心から理解してくれ、本当にありがたい人物だ。彼は人を介し

揚屋　江戸時代の法制用語で、大名や旗本の臣・武士・僧侶・医者など身分のある未決囚を入れた牢屋における特別の部屋だが、実情は庶民の牢とそれほど差異はなかった。

堀江克之助　水戸藩郷士。江戸高輪東禅寺のイギリス大使館襲撃に加わった。

て私にこう伝えてきた。

「昔、矢部駿州《やべすんしゅう》という者がいて、桑名の殿様にお預けの身となったのだが、その日から絶食した。そして、敵を呪いながら死んで、結果的には敵を撃退することにつながった。

今、あなたもこうして自ら死を覚悟したからには、内外の敵を打ち払うよう念を込め、その思いをこの世の残していっていただきたい」

彼は、丁寧にそう念を押した。私はこの言葉に感動した。

また、鮎沢伊太夫《あゆざわいだゆう》という水戸藩士がいて、堀江と同居している。その彼はこう言った。

「今は、あなたへの処遇もまだわからない。私のような者が海外を訪れたとしたら、天下のことはすべて天命にゆだねるしかない。ただし、天下のためになる事業なら、同志に託すなり、後輩に言い残すといったことはしておきたい」

この言葉には、私も同感だ。私が願いを込めたいことは、「同志たちよ、私の志をしっかりと受け継ぎ、尊皇攘夷《そんのうじょうい》という大きな目標を達成して欲しい」ということだ。私の同志となる人たちよ。私が死んでも、堀江や鮎沢のような人物とは、海外にいようと獄中にいようと、交際を結ぶことを願ってやまない。

矢部駿州　幕臣、矢部駿河守定謙。

鮎沢伊太夫　水戸藩士。松蔭刑死後、獄中追悼歌を編集した。

尊皇攘夷　天皇を尊び政治の中心とする尊王と、外国を追い払う攘夷とが結びついた思想。朱子学の系統を引く水戸学などに現れ、下級武士を中心に全国に広まり、王政復古・倒幕思想に結びついていった。

また、本所亀沢町に山口三輶《やまぐちさんゆう》という医者がいる。義を好む人物らしく、堀江や鮎沢のことなど、いろいろと世話を焼いていると聞く。中でも、自分には到底できないと思うことがある。それは、一面識もない小林民部《こばやしみんぶ》という人物についても、この両人から頼まれていろいろと世話を焼いているということだ。

これはなかなかできることではないと思う。堀江、鮎沢、小林のお三方に連絡を取りたいときには、この三輶老人に頼めばよいだろう。

一、堀江はいつも神道を崇め、天皇を尊んでいる。そしてまっとうな道を天下にしっかり示して、異端や邪説を取り除こうと勉めている。彼の考えはこうだ。

「朝廷が教書を発行して、天下に分け示すのが最上の策だ」

私の考えでは、教書を発行するにしても、方策を盛り込むべきだ。京都に大学校を設立し、上皇朝の御学風を天下に示すこと。また、希な才能や異能を持つ者を広く天下から探して京都に呼び寄せること。その後に、昔から今に至る天下の正論とその正しい解釈を書物にまとめること。これを用いて朝廷における学術とその教えの成果を世の中に広めることができれば、人々の心も自然と安らかにな

本所亀沢町　現在の東京都墨田区両国四丁目、亀沢一丁目、石原一丁目あたり。

小林民部　鷹司家諸大夫で勤王家、安政の大獄に連座して獄死した。

ることだろう。

このことについては、日頃から子遠と密かに議論を重ねていた尊攘堂《そんじょうどう》の件ともあわせて堀江に相談し、子遠にすべてを任せることにした。もし、子遠が同志といっしょに内外で志を通わせ、この計画を実現させるためのわずかなきっかけを掴むことさえできるなら、私の志も無駄ではなかったと言うべきだろう。

去年やろうとしていた勅諚綸旨《ちょくじょうりんし》といった試みは、失敗に終わった。だが、かりそめにも尊皇攘夷を絶やすわけにはいかない。次々と善い策を打ち出して、先輩の後を継承し、発展させていかなくてはならない。京都学校を設立するという案も、おもしろいではないか。

一.小林民部はこう言っている。

「京都の学習院では、ある決まった日に、農民から町人にいたるまで出席して講釈を聞くことが許されている。講義の日には公家方が座を連ね、講師には菅家や清家をはじめ、天皇にお目通りがかなうまでにはいかない儒学者もいるという。

尊攘堂
明治維新前の志士を祀り、その肖像・遺墨などを保存する堂。

勅諚綸旨
天子の命令、勅命。また天皇の意を体して蔵人や側近が発行する奉書形式の文書。

京都の学習院
1842年に設立され、元来は公家の子弟の教育機関だったが、幕末には志士が集まり、尊攘派の温床となった。

菅家や清家
菅原家と清原家。平安時代から文学。歌学の家として続いた。

それならば、この案を踏まえ、さらに工夫を加えることを期待したい。おもしろくするやり方はいくらでもあるはずだ。また、懐徳堂《かいとくどう》には霊元上皇《れいげんじょうこう》の直筆による勅額がある。これを元に、もう一枚を起こすのもおもしろそうだと小林は語っている。

小林は鷹司家《たかつかさけ》の諸太夫を務めているけれども、このたび、島流しの刑に処せられた。京都の人々の中でも非常に重い罪を課せられたようだ。この人物は多芸多才だが、文学に関してはさほどでもない。ただ、世事に長けた人のようではある。彼は、西奥の揚屋で私と同居していた。その後、東口に移ったそうだ。京都では吉田の鈴鹿石州、筑州といった人々ととりわけ親交があったという。

また、山口三輶も小林の世話を何かと焼いているので、私たちの同志は鈴鹿か山口かの手を借りて、海外に散った仲間とも連絡を取り合うべきだろう。

京都の件については、後で必ず力添えしてもらえるに違いない。

一・讃州高松藩士の長谷川宗右衛門《はせがわそうえもん》は、長年にわたって主君を諫めた。宗藩の水戸家と親睦を図るうえで苦労した人物だ。彼は今、東奥の揚屋にいる。その子

懐徳堂　江戸時代中期大坂に創立された学校で、懐徳書院とも言う。大坂町人出資の庶民教育の漢学塾。

霊元上皇　江戸時代前期、第112代天皇。

鷹司家　藤原氏の一支流で、五摂家のひとつ。

吉田の鈴鹿石州、筑州　京都吉田神社の神官。

長谷川宗右衛門　幕末の高松藩（現香川県）藩士。

の速水《はやみ》は、私と西奥で同居している。この父子が一体何の罪に問われているのか、私はいまだにわからない。同志の諸君よ、このことをよく覚えておいていただきたい。

この長谷川翁を私が初めて一見したとき、獄吏が左右を固めていて、ほとんど言葉を交わすことができなかった。彼は独り言を言うように、こうつぶやいた。

「たとえ玉となって砕け散っても、瓦となって命を長らえてはならない」

その心意気に私は感銘を受けた。同志よ、どうかこの気持ち、察してくれまいか。

一．私がこれまで述べた意見は、ただいたずらに書き連ねたものではない。天下の一大事業を成し遂げるためには、天下に有志の士と志を共有しなくてはならない。そしてここに挙げる数名は、私が今回新たに知った人々であるから、これを同志に知らせたいと思ったわけである。

また、勝野保三郎《かつのやすさぶろう》はすでに出獄した。彼については、詳しいいきさつを本人の口から聞くべきだ。勝野の父、豊作は、今どこかに潜伏しているらしいが、有志

速水　長谷川宗右衛門の次男、長谷川速水。武田耕雲斎らと交わり、父とともに尊攘論をとなえた

勝野保三郎　幕末の尊攘志士。

の士と聞いている。いずれ事態が落ち着いてから、探し出すのがよいだろう。

同志の諸君よ、私が今日語ったことは、戦いに敗れて傷を負った同志に問いただすような気持ちで聞いていただきたい。一度敗れたからといって、そこでくじけるなら、勇士と言えるだろうか。お願いだから、どうか後のことを頼む。

一．越前の橋本左内《はしもとさない》は二十六歳で処刑された。去る十月七日のことだ。左内は東奥に座らされていたが、それも五十六日だけのことだった。勝野保三郎が同居していた。その後、勝保は西奥に来て、私と同居した。私は勝保の話を聞いて、左内と知り合えなかったことをますます嘆いた。

左内は幽閉されているとき、『資治通鑑《しじつがん》』を読んで注釈を記していたという。すでに「漢記《かんき》」のところまで終えていたそうだ。また、獄中で教学や技術などを論じていたらしい。勝保が私にそう話してくれたのだ。

左内が獄中で論じていた事柄は、私も多いに共感するところがあった。彼を蘇らせ、一度議論をしてみたいという思いがつのる。ああ、なんとかならないものか。

橋本左内　1834～1859年　幕末の志士、福井藩士。15歳で『啓発録』を著している。

『資治通鑑』　中国　宋代、北宋の司馬光が編んだ294巻からなる歴史書。

一．僧侶の月性《げっしょう》による護国論と吟稿、それに口羽徳祐《くちばとくすけ》の詩稿を天下の同志に示したいと思う。とりわけ、これらを水戸藩の鮎沢伊太夫に贈ることを許したい。同志が私に代わって、その言葉の通りに行動してくれるなら、これほど嬉しいことはない。

一．志士や友人たちの中で、小田村（伊之助《いのすけ》）、中谷（正亮《しょうすけ》）、久保（清太郎《せいたろう》）、久坂《くさか》（玄瑞《げんずい》）、子遠兄弟（入江杉蔵と野村和作《のむらわさく》）たちのことは、鮎沢、堀江、長谷川、小林、勝野らの諸君に告げておいた。松下村塾についてや、須佐《すさ》、阿月《あづき》にも知らせた。それから、飯田（正伯《しょうはく》）、尾寺《おでら》（新之丞《しんのじょう》）、高杉（晋作）、そして利輔（伊藤博文）についても、これらの人々に知らせてある。

一連のことは、決して私が軽い気持ちで行ったのではない。

僧侶の月性
幕末に攘夷論を唱えた浄土真宗妙円寺の僧で、号を清狂という。

口羽徳祐
萩藩の高級家臣寄組の士で、寺社奉行なども務めた。

小田村（伊之助）
１８２９年～１９１２年　長州藩士、楫取素彦。松陰の妹寿（寿子）と結婚し、松陰の投獄後は松下村塾でも教育にあたったのち、群馬県の初代県令（現在の県知事）を務めた。寿と死別した後には、松蔭の末妹で久坂玄瑞の妻だった文と再婚している。

中谷（正亮）
１８２８～１８６２年　長州藩士、松蔭の親友。

久保（清太郎）
松蔭の外叔久保五郎左衛門の子で松下村塾の発展に尽力した。

すべてを書き付けたあとで

心にあることのあれこれをすべて書き置いた。
　これでもう、思い残すことはないだろう。
獄吏が刑の執行を告げる呼び出しの声を待つ以外に、
　この世で待つことはもう何ひとつない。
討たれた私を哀れに思ってくれるなら
　どうか私の志を引き継いで、
　　帝を尊敬し、野蛮な外敵を打ち払って欲しい。
愚かなこの私のことを友と思い愛するのであれば、
　どうか民衆を友として愛して欲しい。

久坂（玄瑞）
　1840～1864年
長州藩士で松蔭の妹 文と結婚したが、尊王攘夷の急進派で、品川の英国公使館焼き討ち、下関外国艦船砲撃に参加。蛤御門の変で負傷し、自刃した。

松下村塾
　幕末期に長門国萩の松本村（現在の山口県萩市）にあった私塾。安政3（1856）年に萩の野山獄を出獄後、謹慎を命じられた吉田松陰が叔父玉木文之進の跡を継いで実家で講義を始め、同4年に小屋を修理して塾舎とした。現在では世界遺産に登録されている。

須佐、阿月
　須佐は長門、阿月は周防を指す。両地域にも松蔭の知友や同志が多かった。

飯田（正伯）
　1825～1862年

七回死んでも七回生き返って外敵を打ち払いたいと願うこの志を、
どうして私が忘れることなどできようか。
決して忘れることはないだろう。

十月二十六日夕刻に記す　二十一回猛士

長州藩士。松下村塾門下生の一人。

尾寺（新之丞）
1833〜1901年
長州藩士。松下村塾門下生の一人。

高杉（晋作）
1839〜1867年
長州藩士。変名は谷梅之助。松下村塾に入り、久坂玄瑞とともに吉田松陰門下の俊英といわれた。1862年上海に渡航し、帰国後尊攘運動に参加。1863年外国船の下関砲撃に際し奇兵隊を編制した。馬関戦争では連合艦隊との和議にあたり、1865年藩内を改革し藩論を倒幕に向かわせたが、維新直前に病死した。

利輔（伊藤博文）
1841〜1909年
明治期の政治家。長州藩の松下村塾に学び、初代総理大臣となる。

第3部

吉田松陰の言葉

歩く名言集と言っても過言ではなかった吉田松陰。本書に収録した『講孟余話』と『留魂録』だけでも、すぐに紙数が尽きてしまうほどだ。そんな中から、魂を揺さぶる選りすぐりの獄中トークを一気にリストアップしてみたい。

●逆境になると、気持ちが引き締まって、がんばろうという心持ちになるものだ。（序）

囚人たちに向かって松陰はこう語りかけた。順境にいればどうしても気持ちが緩んで、怠けがちになるもの。「私たちはいま獄中に囚われの身、世間的には逆境にあるといえる。だからこんな時こそ書物を読んで、語り合おう」。野山獄での学びの一年間は、こうして始まった。

●まず自分の身を修め、次に自分の家をしっかりととのえる。そのうえで自分の国を治め、最後に天下を平和にする。（孟子序説）

自分の生き方や家庭を蔑ろにして、事業を成功させようとしても、ほめられたものではないと松陰は言う。これはもともとは朱子が『大学』の中で語っている一説だ。自分自身、家庭、国家という順序が大切なのだという。結果がよければ、それでもかまわないではないかと言う反論もあるだろう。だが、案外これは、今の世の中当たってはいないだろうか。

渋沢栄一も福澤諭吉も「我が身を修め、一家を切り盛りし、そのうえで世の中に何ができるか」と言うことを、ことあるごとに語っている。

●道理にかなうようものごとを推し進めれば、自然と事業は成功を見るもの。（梁恵王 上 首章）

事業を達成させることばかりで精一杯になると、ついその場しのぎになりがちだと、松陰は戒めている。かりにちょっとばかり成功したようでも、それをずっと維持していくのは難しい。こうあるべきだという信念をもって突き進めば、ものごとは必ず達成される。

●朝、心理を聴いたなら、その日の夕方死んでもよい。（梁恵王 上 首章）

この一文こそ、『講孟余話』の主題といってもいいだろう。どうして監獄の中で勉強しなくてはいけないのか。釈放される見込みもなく、すぐにでも処刑される身でありながら、学ぶことに意義があるのか。その答えは、士官や出世のためだけに勉強している者にはわからない。人は真理を探求するために生きているのだ。

このテーマについては、松陰は別の章でもふれている。昔、漢の夏侯勝と黄覇が投獄された。夏侯勝は儒学者だったから、黄覇は彼に学問を授けてほしいと頼んだ。すると勝は、まもなく死罪になる者に学問などいらないだろうと答えた。ところが覇は、『朝、心理を知ることができたなら、その夕方死んでもいい（孔子）』という言葉もあるではないかと言った。勝はその言葉に感動し、三年もの間講義を続けた。のちに二人は恩赦を受けてふたたび官途についた。松陰は下田で投獄された際、この話を同部屋だった渋木松太郎に語り、二人で読書会を始めたという。（尽心上　首章）

●たとえ牢の中でのたれ死にしようとも、心残りはみじんもない。（梁恵王 上 首章）

武士の末席に名を連ねていたけれど、士道に合わない振る舞いをしたかどで、今は投獄の身となっている。松陰が捕らわれていた野山獄は、武士を収監しておくための牢獄で、囚人仲間はみなもともと武士だった。もう武士の仲間に加えてもらうことはできないかもしれないし、沙婆の彼らから見れば、自分たちは武士の風上にもおけない奴かもしれない。けれども人は人、自分は自分だ。むしろこうして獄中で武士道とは何かについてとことん議論することこそ、武門に恥じないだろうし、こんな愉快なことはないと松陰は言い切っている。

●ろくに自分の国を治めもせず他国と争うのは愚の骨頂である。（梁恵王 下 三章）

これは孟子の時代のエピソードから、日本の幕末に話を広げた際の言葉だ。国の外にまで戦線を広げる間に国内はめちゃくちゃ。その乱れに乗じて外国に攻め込まれるのがオチだと松陰は解説している。

逆に藩の国力と徳義とがすばらしく優れていて、その力が天皇家まで影響を及ぼし、しかも諸藩もまた文句なしにその実力を認めたならば、天下は自然とその藩になびくことだろうとも述べている。これはそっくり組織にも当てはまる真理だろう。

●成功するかどうかは、征伐に決起したときからはじまるのではなく、ふだんの太平でなにげない日の姿勢にかかっている。（梁恵王 下 十章）

戦いに勝つのはたやすいが、占領した国をいつまでも維持していくのはむずかしい点を、松陰は指摘している。人民の心をつかみ、政治を司ることができるものだけが、体制を維持していけるということだ。

●名将が勝ち続けるのは、たいてい指揮官がまっ先に敵陣に突っ込んでいくからである。（梁恵王 下 十二章）

山鹿流兵法の師範でもあった松陰らしい見方だ。付き従う兵士たちは、大将を死なせてなるものかと、これまた我勝ちに突っ込んでいく。戦略や戦術も大事だけれど、ここぞという場面でリーダーが率先してこそ、勝利はもぎ取ることができる。

●志が定まるか、定まらないか。これはもう自分自身の決断ひとつにかかっている。（梁恵王 下 十三章）

幕府は独断で日米和親条約を結ぶと決めておきながら、あとあといろいろ言われることを恐れて、諸藩の意見を聞いた。そのことに対して松陰はなんとも情けない思いを吐露している。

「自らの志がまず定まれば、はかりごとの結果はただひとつ。鬼神が降臨し、これを助け、運は開かれる」と、故事を援用しながら、覚悟をうながしている。

●いくら金や地位で釣ろうとも、浩然の気を乱すことはできない。（公孫丑 上 二章）

「浩然の気」とは松陰がもっとも気に入った言葉だ。泰然とあせらず、どんなものにも動じない気のことである。この気はもともとこの天地に充満しているもので、自分の利益を優先させたいという気持ちを取り除き、道徳に則ったふるまいをすることによって一体となると説いている。

●禍も、幸せも、すべては自分の心が招いているのだ（公孫丑 上 四章）

孟子の言葉を引用しながら、なんでも神頼みにすることを松陰は戒めている。とはいえ、やっぱり人間は都合のよいときだけ天地鬼神にこびへつらい、自分自身の修行は怠りがちとなる。あえて幸福への道を辞退し、禍の多い道を求めてみるのもひとつの方法だとも語っている。

●知者と仁者、このどちらが勝るかと言えば、人を信じることを大切にする仁者のほうだろ

う。（公孫丑 下 九章）

知を好む者は人を疑ってかかる傾向があるし、仁愛に重きを置く者は人を安易に信じがちだと松陰は分析する。ただ、彼としては、人を信じすぎる欠点があったとしても、人を疑い過ぎる欠点だけはないようにしたいと言う。そのほうが人生が開けていくという経験則があったようだ。

●人というものは、命令されれば従いたくはない。自分が好むところには、従おうとする。（公孫丑 下 十章）

これは人情の常で、たとえば外部から先生を招いてセミナーを開いたとしよう。もしこの先生をリーダーが心から尊敬しているのであれば、部下たちも先生を手本にしようとする。けれども、肝心のリーダーがその先生のことを苦手で、研修のため仕方なく招いたのだとしたら、部下の誰一人として学ぼうとはしない。今ならさしずめ、そんなところだろうか。

●友だちづきあいというものは、善の道に則ってお互いに忠告しあうような関係が望ましい。（公孫丑 下 十二章）

なかなか難しいことかもしれないけれど、友人が人の道に外れるようなことをしたら、繰り返し諭すのが真の友人というものだと、松陰は言う。たとえそのために絶交することになったとしてもだ。そして結果的にそうなったとしても、その友人を非難する必要もない。善の道をよりどころとして忠告し合う間柄は、松陰の時代ですら稀だったというから、今ならなおさら難しいかもしれない。

●人は初一念が大切だ。この原点をあやまると、どこまでもその間違いがつきまとう。（滕文公下 九章）

初一念とは、何かをはじめようとするとき、最初に心の中にきざす考え方のことだ。原点や初心とも言い換えられるだろう。ここをあやまると、どんどん間違った方向へ逸れていき、学びや仕事に害をきたすようになり、ひどいときには国を傾かせる結果を招くという。チョロチョロ流れる水も、しまいには大河になる。初一念のところでしっかり正しておくことが大切だという。

●丸い栓は四角な穴にはまらない（離婁上首章）

国にはそれぞれ建国の理念があって、後世の者が改革を行う場合も、その理念に立脚したものでなければならない。いくら他国の制度がよいからといって、そっくり真似てみても、これまで培われてきた自国の持ち味との整合性がなければうまくいかない。それはまるで四角い穴に丸い栓をねじ込もうとするのと同じだ。

この議論は、企業のあり方にも当てはまるだろう。時代とともに製品やサービスは変わっても、創業の理念や提供価値や、その企業らしさはおいそれとは変わらない。一貫した企業哲学が変化の時代にはいっそう求められると言えないだろうか。

●七年の病を治すのに、三年乾かした百草をその時点で使ってみても、もう間に合わない。（離婁 上 九章）

これは中国の格言だそうだ。病気になったとき、すぐに手を打っておけば七年も長患いすることもなかったろうということ。そして三年乾かした上質な百草をあとから使ってみても、もはや効きはしないということだ。思い立ったが吉日、すぐに実行しようと松陰は結んでいる。

●至誠の気持ちは必ず人を動かす。（離婁 上 十三章）

吉田松陰は至誠の人だった。といっても、そんなにすごいことではなく、「人が行うべき道は、ごく手近なところにある。人がなすべきことは、ごく平凡なことの中にある」と言っているように、至誠も真心を尽くすというあたりまえのことを励行することなのである。

●人を観察するときは、その人の目を見るとよい。（離婁 上 十六章）

上面だけの言葉やふるまいも、瞳を見ればそれこそ一目瞭然。至誠、つまりこの上なく誠実な心で行動する人は、瞳が明るく、澄んでいるという。

●褒められたり、けなされたりすることがあったとしても、それはあてにならない。（離婁 上 二十一章）

社員同士で褒め合うことによって仕事のモチベーションを高めたり、パフォーマンスを引き上げたりする企業風土づくりが昨今話題になっている。これはすばらしい取り組みで、とくに伸び盛りのビジネスパーソンにはよい影響を及ぼすに違いない。

ただ、世の中、次第に歳を重ね、それなりのポジションになってくると、もう、めったに褒められなくなる。けれども、そんなものは気にしなくてもよいと松陰は言う。けなされることを恐れ、褒められることに一喜一憂するようになると、真実に向き合う心が曇ってしまうというのだ。

●人は偉くもないのにやたらと師になりたがる。（離婁 上 二十三章）

これは人の弱点のひとつだそうである。師になることをはじめから目的にしていると、学びが自分自身を磨くためのものではなくなる。自分のためになり、実行することができる実学を修めることが本当の学問だし、自然と人が師と仰ぐようになるようだ。

●徳もなく、才能もない人間を、縄で縛り上げて、杖で打ち据えるといったやり方はよくない。（離婁 下 七章）

人に徳を身につけさせることも、才能を開花させることも、わずかの期間ではできない。仁義や徳にみちた環境にゆっくりとひたすことによって、自然と善に向かう。この考え方は人を教育する人全般に当てはまるという。

●「なさない」志（離婁 下 八章）

まだ偉業を成し遂げる前、なにもしないことを貫いていた時期を経た歴史上の人物がけっこういるという。それがやがて、本当になすべき有意な行動へとつながっていった。

罪を得て捕らわれの身となっている松陰たちもまた、いってみれば「なさない」志の人だ。ここがしっかりと定まっているので、いつかまた役に立てる日がきたら頑張れるだろうし、そのために毎日、獄中で学問に励んでいるのだという。

●**責められて罰を負わされてもなお、忠孝を尽くす人物こそ、本当の忠臣である。(離婁 下 十三章)**

名君に尽くそうと思うのは当たり前だし、国が盛んなときは誰だって忠義を抱く。立派な親に孝行するのも当然だ。けれども、愚かな君主に終生仕えることができるか。衰えた故国を見捨てず、勤勉であり続けることができるか。道理のわからない親に孝行を尽くし、亡くなったらきちんと葬儀をして供養を続けることができるか。

だから昔の人は、人生の後半をきちんと生きることができてはじめて尊敬に値すると言った。

●**ひとり静かに自学自習し、自らを修め、よりよくすることができる。(離婁 下 二十二章)**

昔の中国では、先生から生徒へ直接教えることによって学びを受け継いでいた。孟子は孔子から教わった人に教えを乞うたので、かろうじて孔子の人となりを窺い知ることができたという。今、囚人の身である松陰は、良い先生につくこともできない。だから学問が独断におちいらないよう気をつけていた。自学自習が基本となる社会人にとっても、励みとなる言葉だろう。

●どんなときも私心さえなければ、進むのもよいし、退くのもよい。（離婁 下 二十九章）

仁者と呼ばれる人は、自分が人の上に立ちたいと思ったら人を立たせる。ただ、松陰は、あまり深くそこにこだわる必要もないという。私心を抜き去っていれば、表に出ようが出まいが、その状況に応じて自由に行動せよと促す。

●人々は読書のしかたという点で、大きな間違いを犯している。（万章 上 四章）

人はどうも自分の尺度に合わせて本を読む傾向にある。正しい読書のしかたとは、偏見をなくし著者の真意は何なのかを意識して読むことだ。一方でまた、書物を信用しすぎてもいけない。目を見開いて本と向き合い、本を活かそうという姿勢が大切なのだという。

●天は何も語らない。ただどう人が振る舞い、どんな結果を招いたかという形で、天は意思を示してくれる。（万章 上 五・六章）

天には二つの意味があるという。ひとつは、たとえば人望のある人に自然と人が集まる。これは意図してやろうとしてもできることではない。民の心をもって天の心とするということだ。

もうひとつは、人が招こうとしないのに自然とやってくるもの。寿命、災い、知恵のあるなし、そういう人の力がおよばないものを指して天と呼んだ。

どうにもならないことに打ちひしがれることが多い人の一生だけれども、なにか不思議と心を安らかにさせてくれる見方ではないだろうか。

●知と行が補い合ってこそ真の知、真の行がまっとうできる。（万章 下 首章）

知識と行動とは二つのものでありながら、ひとつという間柄だ。論理的考察もしないで行動に出るのは、闇雲に矢を放つようなものだし、本を読むのはいいが、理論ばかり追求する者は一度も矢を放ったことがないのと同じだという。どちらも偏らず、学んで行動することを松陰は心がけていた。

●罪は身にあるけれど、恥は心にある。だから罪よりも恥が重い。（万章 下 五章）

幕末の浪士たちが好き勝手に幕府を批判するのは、立場をわきまえない振る舞いで罪にあたると松陰は言う。ただ、国の行末を思ってのことだから、深くとがめだてするつもりはない。ところが恥というのは、もっとよくない。俸禄をいただいておきながら、まっとうな道を示せないものがそうで、泥棒と同じだと手厳しい。

●性善をもっと高めようと努めるなら、どんな場面でも道徳に則った行動ができる。（告子 上 三章）

松陰は、孟子の「人は性善」という考え方に強く惹かれていた。そして性善とは何だろうと問いかける。彼はこんなふうに答えている。たとえば道徳に則った振る舞いをしようと思うとき、この行動を起こすもとになった感情が、つまり性善なのだという。

●仁は、最後には、私欲という悪、つまり不仁に勝てるのだ。（告子 上 十八章）

シンプルで力強い言葉だ。仁とは性質が善であるということ。ただ、自分も仁を貫き通し、より多くの人に、時代を超えて広めていかなければならないとも言っている。わずかばかりの仁を行って、それで不仁に勝とうとしても成功しない。仁は総量も大切で、広めたり、積み重ねたりして増やしていくべきもののようだ。

●国のために一命をなげうつ覚悟があれば、技芸がなくても、その人物は立派な武士なのである。（告子 下 二章）

武士が武士であるための価値とは、国のために命を惜しまないということに尽きる。もちろん武士の真価を理解しているなら、技芸を鍛えるのも当然だと言い添えている。これは学者についても同じで、真の聖学とは、人が人であるための価値とは何かを突き詰めること。これを主体としながら、残った力で詩文を暗唱したり、文章作法を磨いたりといった技を高めようとすることだという。

●富国強兵を成し遂げ、戦争上手なのは薬草にあたる。（告子 下九章）

国の指導者を医者に例え、良医なら健康な人に五穀をすすめる。五穀とは仁政のことだ。そして病気の人には薬草を与える。薬草とは富国強兵や戦争である。どちらも必要に応じて使い分けなければならないのに、だめな指導者は薬草ばかりを与えて満足し、結局は国を衰退させると指摘している。

●掘り出されたばかりの玉が、磨かれてすばらしい装飾品になる。鋼鉄が鍛えられて名剣となる。だが、そうなるためには、身を削り、叩かれ、大変な苦しみを受けなければならない（告子下 十五章）

これは松陰の師、佐久間象山が孟子を読んで記した感想である。才気に満ちた若者も、苦労を重ねると次第に鋭気がかすんで俗人になる。だが中には苦労を経ていっそう強靭になり、ついに才能を開花させる者もいる。苦労を避けてはならないと松陰は語る。

●人生は旅館に例えられる。（尽心 上 首章）

この章は盛り沢山な内容で、「人の本性は善である」という、もうひとつの重要なメッセージが含まれている。だが、この旅館の例えも秀逸である。人はたった一日でもこの世に生きていれば、一日分の食事をし、衣服をまとい、住居にいる。だから、一日分の学問や事業に励まなければならない。歳を取ろうとも、逆境にあろうとも、宿代を踏み倒すようなことがあってはならないのである。

●英才を集めることができて、彼らを教育したなら、その英才の中の誰かが、時代の求めにうってつけの人物になるだろう。（尽心 上 二十章）

人生には楽しみが三つある。父母兄弟が元気で仲よしなこと。天にも人にも恥じるところがないこと。そして天下の英才を教育することだ。伊藤仁斎という儒学者は、「このうちひとつでもかなうなら、王様になるよりそっちを選ぶ」とまで言っている。松陰は逆境にありながらも、この三つの楽しみをすべて叶えた人生だったと言えるだろう。

●下級武士の職務は、自分自身の身を修めること。（尽心 上 三十二・三十三章）

位が高い武士は、家老や奉行という職務がある。農工商の人々はそれぞれに仕事がある。けれども下級武士はなんのお役目もない。彼らはどう生きたらよいのか。

この疑問に松陰はずばりと答えている。武士は仁義に則った人物になることを目指し、世の中の風俗を正すことを任務とすべきである。日に三度、食事のたびに反省を心がければ、無駄飯食いと呼ばれることもなくなるだろうとも述べている。

●毎日、毎晩、五大州を私たちの国のものにする野望を思い描いている。（尽心 上 三十六章）

狭い牢獄にひとり閉じ込められているときでさえ、松蔭は世界に睨みをきかせていた。それは彼の精神の領域が広いからだという。学問を修め、広大な気宇を養うことの大切さをここでは語っている。

●また、『福堂の策』二条を書いた。（尽心 下 首章）

野山獄での生活の中で、裁きの制度が不備なため不当に投獄されている仲間たちを松陰はたくさん見た。彼らをなんとか助けられないものかと提言したのが、『福堂の策』だ。その概略は、人には賢いとか愚かだとかの違いはあるけれど、みんなどこかしらひとつは人より優れたものを持っている。そのよいところを伸ばせば、きっと立派な人物になるだろうということ。実際に松陰の活動によって、釈放された囚人も何名かいた。

●私たちの国の人間なら、私たちの国のことを学ぶべきなのは言うまでもない。（尽心 下 三十六章）

孟子も言っているように、ものごとには独自性と共通性がある。人類すべてに共通する感覚や価値観もあれば、その家、その村、その地方独自の決まりごとや習俗がある。もちろん国のレベルでもそうで、国俗や国体もおのずと違ってくる。

そうすると、まっとうな道と言っても、中国、欧米、中近東、それぞれに独自のものがあるということだ。自分たちが信じるまっとうな道が正しいからといって他国に押し付けたらどうなるか。また、逆の立場になったらどうか。

日本人なら日本のことを学び、日本におけるまっとうな道を明らかにし、そのうえで外国のものを学んで、違いがあることを知っておく必要があると松陰は考えている。

●私の書いたものがまるで針で肌を刺して鮮血がほとばしるように鋭くあればいいと思った。

（講孟余話　あとがき）

『講孟余話』が出来上がったばかりのときのタイトルは、『講孟劄記』だった。劄記の意味はこの言葉の通りである。内容が名前負けしていると思い、余話に変えたのだという。余話といえばスモールトークというニュアンスがあるが、当たっているとすれば人情の機微に触れる親しげな語り口の部分だろう。中身は壮大なスケールだし、時代を超えた真実がちりばめられている。

●至誠にして動かざる者は未だこれ有らざるなり。（留魂録）

孟子のこの一説は『講孟余話』（離婁　上　一三章）にも登場するが、『留魂録』の冒頭でふたたび目にする。誠心誠意行動すれば、動かせないことなど何もないという意味だ。

松蔭は萩から江戸に護送されるとき、白い木綿にこの言葉を書きつけ、手拭いに縫い付けて持参した。自分なりに志を示したのだという。

●私が正しいかどうか。それは、私が死んだ後の世の人が論ずればよいことなのである。（留魂録）

江戸での取り調べを受けながら、松蔭は思った。自分を省みて、心にやましいところがなければそれでよし。取り調べが思ったよりも穏便に進み、一縷の望みが湧いてくる。それならこの国のためにまだ働くことが残っていると再び松陰は思うのだが、結局は死地に追いやられることになった。

●死んで仁を成そうとするのに細々としたひと言のあるなしなど、結局、取るに足りないことではないか。（留魂録）

老中を要撃する計画を、諫めようとしたと答えた方がよかったのか。つらつらと考えているうちに、松陰の胸に湧いてきたのがこの想念だ。天地神明の鑑に照らされて恥じるところはない。何を惜しむことがあるだろうかと結んでいる。

●十歳で死ぬ者は、その十歳の中に自然と四季がある。二十歳には、二十歳の四季がある。三十にもまた三十歳の四季がちゃんとある。そして、五十、百、それぞれには五十、百の四季があるのだ。（留魂録）

死を覚悟した後、松陰は自分の人生をこのように振り返り、完結させようとした。松陰は同志らにあてて、こう書き残す。すでに自分の四季は終わり、花が咲いたあとに種子を結んだことだろう。その種子をまた次の世代に芽吹かせ、穀物が年々実らせてほしい。

その願いはかない、令和の今も豊に穀物を実らせ続けていると言えるだろう。

【参考文献】

『講孟箚記（上）（下）』吉田松陰 著、近藤啓吾 全訳注　講談社学術文庫
『青年に与うる書 - 現代語訳『講孟余話』』吉田松陰 著、遠藤鎮雄 翻訳　新人物往来社
『講孟余話 - 旧名講孟劄記』吉田松陰 著、松本三之介／田中彰／松永昌三 訳、松本三之介 解説 岩波文庫
『講孟余話 ほか』吉田松陰 著、松本三之介 翻訳、松永昌三 翻訳、田中彰 翻訳　中央公論新社
『［新釈］講孟余話 吉田松陰、かく語りき』吉田松陰 著，松浦光修 翻訳　PHP 研究所
現代日本記録全集２　維新の風雲『留魂録』　吉田松陰 著、奈良本辰也 編集　筑摩書房
『吉田松陰　留魂録』古川薫 全訳注　講談社学術文庫
『吉田松陰著作選　留魂録・幽囚録・回顧録』奈良本辰也 著　講談社学術文庫
『原文・現代語訳　吉田松陰　留魂録　付・死生の悟』大日本思想家叢書 Kindle 版　吉田松陰 著、幕末明治研究会 編集、大日本思想全集刊行会 翻訳
『吉田松陰　一日一言』川口雅昭 著 致知出版社
『覚悟の磨き方 超訳 吉田松陰』池田貴将 編訳　サンクチュアリ出版

おわりに　―現代語訳あとがきにかえて―

旅人、吉田松陰

いつも座っている人、というイメージが吉田松陰にはありはしないだろうか。野山獄で沈思黙考し、松下村塾で座学にいそしんでいる光景だ。

けれども実は、旅の人というまったく対照的な側面を持っていた。よほどの健脚だったのだろう。その足跡は日本全国に及んでおり、砂利を踏む草鞋の音がガシッ、ガシッと聞こえてきそうな気がするほどだ。とりわけ、佐渡や弘前など北越や東北の諸藩にまで足を伸ばしているのは興味深い。「草莽崛起」という言葉も、そんな彷徨の果てに浮かび上がったのだろう。

松陰が旅先でまめに訪れていたのが藩校や私塾である。会津藩校日新館、横井小楠の小楠堂、仙台藩校養賢堂などがそうだ。

縁あって日本能率協会マネジメントセンター広報誌『学思』の「藩校を歩く」シリーズの取材で、全国の藩校を訪ね歩いたことがある。松陰が教えたという萩藩校明倫館や松下村塾もそのときに見ることができた。ちょっと感動したのは、松陰が立ち寄った藩校もそうでないところもひっくるめて、この本の中でひとつに繋がっていったことだった。水戸藩校弘道館、松代藩校文武学校、米沢藩校興譲館、薩摩藩校造士館などだ。

大阪大学大学院の中直一教授、松陰神社宝物殿至誠館（山口県萩市）の樋口尚樹館長には、今回改めてお世話になった。この場をお借りして、感謝を申し上げたい。

吉田松陰を軸として、知らず知らずのうちに人と人とのつながりは広がってゆく。きっと、これからも松陰の残した言葉は語り継がれ、私たちの次の世代をも励ましてくれることだろう。

［著者］

吉田松陰（よしだ　しょういん）

1830～1859年　幕末の武士、長州（萩）藩士、尊攘派の志士であり、思想家、教育者。杉百合之助の次男で杉民治の弟。長門（山口県）萩藩士。山鹿流兵学師範の叔父吉田大助の仮養子となり、兵学と経学を学ぶ。11歳にして藩校明倫館で山鹿流兵学を教授。嘉永3年から諸国を遊学して会沢正志斎、安積艮斎らに従学。嘉永6年から佐久間象山に砲術や蘭学を学ぶ。嘉永7年下田沖のアメリカ軍艦で密航をはかるが失敗。幽閉された生家に安政4年松下村塾を開き、高杉晋作や伊藤博文ら多くの尊攘派志士を教育したが、安政の大獄で刑死した。名は矩方。通称は寅次郎。別号に二十一回猛士。

［編訳者］

道添 進（みちぞえ すすむ）

1958年生。文筆家、コピーライター。国内デザイン会社を経て、1983年から1992年まで米国の広告制作会社に勤務。帰国後、各国企業のブランド活動をテーマにした取材執筆をはじめ、大学案内等の制作に携わる。企業広報誌『學思』（日本能率協会マネジメントセンター）では、全国各地の藩校や私塾および世界各国の教育事情を取材し、江戸時代から現代に通じる教育、また世界と日本における人材教育、人づくりのあり方や比較研究など幅広い分野で活動を続けている。著書に『ブランド・デザイン』『企画書は見た目で勝負』（美術出版社）などがある。「今こそ名著」シリーズでは『論語と算盤　モラルと起業家精神』『代表的日本人　徳のある生きかた』『学問のすすめ　独立するということ』『風姿花伝　創造とイノベーション』に続いて編訳。

講孟余話・留魂録　逆境に負けない生きかた

2020年3月5日　初版第1刷発行

編訳者 —— 道添　進
©2020　Susumu Michizoe

発行者 —— 張　士洛
発行所 —— 日本能率協会マネジメントセンター
〒103-6009　東京都中央区日本橋　2-7-1 東京日本橋タワー
TEL03（6362）4339（編集）／03（6362）4558（販売）
FAX03（3272）8128（編集）／03（3272）8127（販売）
http://www.jmam.co.jp/

装　丁 —— IZUMIYA（岩泉卓屋）
本文 DTP —— 株式会社明昌堂
印刷所・製本所 —— 三松堂株式会社

ISBN 978-4-8207-3198-6　C0010
落丁・乱丁はおとりかえします。
PRINTED IN JAPAN

Contemporary Crassics Series

論語と算盤	モラルと起業家精神	渋沢栄一	道添 進 編訳
代表的日本人	徳のある生きかた	内村鑑三	道添 進 編訳
学問のすすめ	独立するということ	福澤諭吉	道添 進 編訳
風姿花伝	創造とイノベーション	世阿弥	道添 進 編訳
武士道	ぶれない生きざま	新渡戸稲造	前田信弘 編訳
五輪書	わが道をひらく	宮本武蔵	前田信弘 編訳
葉隠	処世の道	山本常朝・田代陣基	前田信弘 編訳
韓非子	人を動かす原理	韓非	前田信弘 編訳
孫子の兵法	信念と心がまえ	孫武	青柳浩明 編訳
幸福論	くじけない楽観主義	アラン	住友 進 編訳